苏州家话

SUZHOU JIAHUA

(第二辑)

李婧娟　主编

苏州大学出版社
Soochow University Press

图书在版编目(CIP)数据

苏州家话.第二辑/李婧娟主编.—苏州:苏州大学出版社,2019.9
ISBN 978-7-5672-2879-5

Ⅰ.①苏… Ⅱ.①李… Ⅲ.①儿童教育-家庭教育 Ⅳ.①G782

中国版本图书馆 CIP 数据核字(2019)第 189394 号

书　　名:	苏州家话(第二辑)
主　　编:	李婧娟
责任编辑:	刘一霖
装帧设计:	刘　俊
出版发行:	苏州大学出版社(Soochow University Press)
社　　址:	苏州市十梓街1号　邮编:215006
照　　排:	镇江文苑制版印刷有限责任公司
印　　刷:	苏州市深广印刷有限公司
邮购热线:	0512-67480030
销售热线:	0512-67481020
开　　本:	889 mm×1 194 mm　1/32　印张:6　字数:125千
版　　次:	2019年9月第1版
印　　次:	2019年9月第1次印刷
书　　号:	ISBN 978-7-5672-2879-5
定　　价:	33.00元

若有印装错误,本社负责调换
苏州大学出版社营销部　电话:0512-67481020
苏州大学出版社网址　http://www.sudapress.com
苏州大学出版社邮箱　sdcbs@suda.edu.cn

编委会

主　任：张　曙

成　员：李婧娟　徐　洁　邢　华　李卓尔

主　编：李婧娟

副主编：徐　洁　邢　华

苏州家话

前言

教育是国之大计。在全国教育大会上习近平总书记曾指出,办好教育事业,家庭、学校、政府、社会都有责任。家庭是人生的第一所学校。家长是孩子的第一任老师,要给孩子讲好"人生第一课",帮助孩子扣好人生第一颗扣子。教育、妇联等部门要统筹协调社会资源支持服务家庭教育。2019年6月1日正式实施的《江苏省家庭教育促进条例》明确了家庭教育工作"家庭实施、政府推进、学校指导、社会参与"的职责定位。教育行政管理部门在科学推进家庭教育工作的有效落地上主要应做好以下几方面的工作:协同妇联等部门一起做好家庭教育工作区域发展的规划及设计;科学指导家校合作;实施好教师家庭教育专业指导培训;系统开发教师专业培训及家长学习课程;整合各方资源及力量,系统培养、合力育人。

自2016年苏州家庭教育课程项目实施以来,苏州家庭教育工作积累了许多有效的经验,形成了不少成熟的工作机制。教师的家庭教育专业能力培养,家长全天候、全方位、全覆盖的学习,学校、区域常态化的家庭教育指导,都形成了苏州特色。以专家、学者、教师、家长共同参与互动的沙龙"苏州家话"依然是我们精心组织的品牌活动。2018年,"苏州家话"延续以往的传统,每一期邀请至少一位重量级专家或学者,由专家、学者及其他有关人士围绕一个家庭教育中的具体问题进行深入探讨,将基本的原理阐释清楚,将方法落到实处,为家长指点迷津,通过探讨引发大家更多的思考与学习,帮助家长在陪伴孩子健康成长的过程中不断进步。2018年应邀出席沙龙活动的专家有孙云晓、赵石屏、龙迪、乐善耀、李红燕、杨咏梅、牟映雪、吴惠强、侯公林、黄辛隐等。感谢这些专家对"苏州家话"的支持。苏州本地的专家同本土培养的家庭教育指导者也纷纷登场。2018年的"苏州家话"围绕童年底色与幸福人生的关系,批评与表扬的有效性,家庭如何成为疗伤止痛、丰富生命的地方,青春期的共识,幼小衔接,怎样做智慧型父母,以及三代同堂等话题,依然紧扣孩子的成长规律,指导家长如何满足孩子不同阶段的成长需要,并帮助孩子全面健康成长。希望这本《苏州家话》能让众多的家长受益。

祝福每一位家长,祝福所有的孩子!

苏州市教育局副局长

李婧娟

第一期

主题：让童年奠定幸福人生的底色

2018年6月2日在苏州博物馆举办

参与嘉宾：孙云晓、李婧娟、黄辛隐、孟瑾、解琪

第二期

主题：怎样的批评与表扬是最有效的

2018年6月29日在苏州市网上家长学校举办

参与嘉宾：李红燕、徐勇、潘琼、蔡林春、卜雪梅

第三期

主题:让家庭成为疗伤止痛、丰富生命的地方

2018年7月14日在苏州工业园区东沙湖学校举办

参与嘉宾:龙迪、张翔、韩郁香、李娟、夏金华

第四期

主题:关于"青春期"

2018年7月19日在苏州市网上家长学校举办

参与嘉宾:杨咏梅、牟映雪、李婧娟、朱文学、邢华

第五期

主题：智慧型父母的内涵

2018年9月14日在苏州市平江实验学校举办

参与嘉宾：吴惠强、陈敏、翁亦星、朱嫣、俞玥、田启明

第六期

主题：幼小衔接——孩子要上一年级

2018年9月21日在苏州高等幼儿师范学校附属花朵幼儿园举办

参与嘉宾：赵石屏、李婧娟、徐瑛、孟瑾、卜雪梅、龚苑

第七期

主题：三代同堂的家庭教育得失与利弊

2018年11月9日在江苏省新苏师范学校附属小学举办

参与嘉宾：乐善耀、高万祥、陶六一、沈洁、杨旭

第八期

主题：读懂孩子，认识家庭

2018年12月14日在苏州工业园区娄葑实验小学举办

参与嘉宾：侯公林、李建军、张翔、韩郁香、刘翠平

目录
contents

第一章　童年：孩子人生幸福的起点

002　童年阶段的重要特点

004　陪伴是最长情的告白

007　孩子的天性

009　直接体验的重要性

013　帮孩子养成良好的生活习惯

020　幼小衔接是很重要的事儿

第二章　青春期：孩子成长的关键期

030　青春期的解读

032　生理快速变化引发心理变化

033　青春期是对亲子关系进行"体检"的时期

目录
contents

039　相信孩子，激发孩子的正向能量

044　撕掉早恋的标签，让孩子感受青春的美好

052　被理解的孩子不叛逆

059　青春期孩子需要减负，才能展翅高飞

第三章　父母：孩子人生中的第一任老师

068　父母要承担养育孩子的职责

074　善用祖辈的力量

081　与孩子一起成长

083　站在孩子的角度才能读懂孩子

091　将问题变为技能，学会正向表达观点

095　智慧型父母会认识、会沟通、会倾听

104　智慧型父母会要求、会惩戒、会反思

第四章　家庭：孩子人生中的第一所学校

114　家庭的积极力量让生命更丰富

121　家庭也有可能是伤痛的来源

127　和谐的家庭氛围离不开父母的学习

132　发现孩子的闪光点，给孩子家庭的温暖

140　包容并理解原生家庭的影响

第五章　专家问答现场实录

144　孩子喜欢插嘴怎么办

146　聪明的孩子怎样适应课堂

148　如何应对孩子的拖延症

151　怎样让孩子爱上纸质阅读

152　孩子处处都要争第一，该怎么引导

目录
contents

- 154 如何陪孩子做作业
- 156 能把孩子和网络完全隔开吗
- 159 面对处于不同年龄阶段的孩子,家长如何施教
- 160 兴趣班报得越多越好吗
- 162 如何做好幼小衔接
- 164 如何处理祖辈教育与父母教育间的冲突
- 167 孩子为什么在父母面前不体现他的两面性
- 169 当孩子和同学发生肢体冲突时,家长应该如何应对

171 本书出现的专家、学者名单

苏州
家话

第一章

童年：孩子人生幸福的起点

  心理学揭示，人成年后的所作所为，基本上是其童年经历的重复。童年的生长环境，塑造了人的性格；童年的生长经历，固化了人的思维模式和无意识的惯性。很多人在后续的社会环境中的所作所为，都能在其童年经历中找到影子。幸福的童年生活能给人带来更多的积极思维，不幸的童年经历则会带给人很多的枷锁和心理负担。

童年阶段的重要特点

童年是人一生成长的初始阶段,是一个人性格养成、奠定基础的根本阶段。

 李婧娟

处于童年这个阶段的孩子到底有些什么样的特点和成长规律呢?

第一,他的身体还非常的稚嫩。

第二,他的心智在飞快地发展,但是还不够完善和成熟。

第三,他的自我意识已经开始觉醒。

第四,他已经开始非常广泛地与自然、社会进行连接,并且在这个过程中不断地积累经验。

如果用一种颜色来形容童年的话,我首先想到的是白色,因为处于童年时期的孩子还非常单纯、非常简单。你给他讲什么,也许他就记住什么。你让他接触什么,也许他就习惯什么。另外童年或许还是绿色的,因为这个时期的孩子朝气蓬勃，充满生命的活力，但是他还很脆弱，他还需要得到更多的保护。童年更应该是多彩的，是鲜亮的、暖色的。

 黄辛隐

童年是一个人养成性格、奠定基础的阶段。我想讲一个理论。这个理论叫客体关系，各位家长如果感兴趣的话，可以搜一下。它是整个精神分析流派里面的一个基础理论。0 到 12 个月的时候，妈妈能让孩子形成两种性格特征：一种是安全，另一种是信任。孩子饿的时候，妈妈的乳房就出现了；孩子尿的时候，妈妈那双温暖的手就会帮孩子处理。在通常情况下，每个妈妈给孩子换尿不湿的时候都会边换边说着类似的话："呦！宝宝又尿啦！小屁屁臭臭。"每一句话都充满了爱。孩子对整个世界的安全感、对整个世界的信任就是从这个时候开始的，而且这些感受的形成过程都是没有痕迹的，它们产生于日常生活的点点滴滴中。

孩子两岁以后，爸爸该登场了。爸爸在跟孩子游戏的过程中，其实会培养孩子两种良好的意识，一种叫规则意识，另一种叫责任意识。我举个最简单的例子，为什么红灯亮了后你必须停下来。你们哪一位能说出来？能不能绿灯亮了以后停呢？这个世界上有很多规则，大到国家的法律，小到学校的规章制度等。其实爸爸在陪伴孩子游戏的过程中，不知不觉就会让孩子知道，有些行为就是不可以的，不可以就是不可以，没有什么理由。一定要让孩子对这个世界有敬畏感；要让他知道，很多事情是有底线的，而底线是不能碰的。

所以我跟很多人都说过，安全和信任是性格的内核，是妈妈给的，而规则意识和责任意识更多地需要爸爸在陪伴的过程中给孩子。从一个孩子两三岁时开始，这四样东西都在萌芽、在生长，再加上良好的幼儿园教育和小学教育的助力，一个孩子的身心健康就没有任何可以怀疑的了。每个孩子都会经历大大小小的事情，但是没关系，孩子的底色还在。那个底色，我觉得就是刚刚李局长说的各种颜色。所以，其实在孩子很小的时候，每一个爸爸或妈妈都做了一件非常了不起的事情，只是爸爸妈妈自己没觉察到。

陪伴是最长情的告白

陪伴是最长情的告白，陪伴也是最好的教育方式。父母给予孩子应有的陪伴和爱护，在这个过程中就能教会孩子如何做人做事，如何成长。

 黄辛隐

在现实生活中，对于陪伴孩子，多陪一分钟总比少陪一分钟好，陪过一天总比一天没陪要好。其实孩子也是有自然生长能力的。说实话，各位家长的事业也是蛮重要的，有的时候也是耽误不起的，但你只要有心，还是可以找到其他的形式陪伴孩子的，比如给孩子打电话等。当然最好的陪伴是那种温暖的陪伴。所以我觉得我们更应该强调的是家长要有一颗陪伴孩子的心。

 李婧娟

在孩子的童年中最重要的可能就是父母要跟孩子建立良好的亲密关系。怎样建立亲密关系呢？

第一，父母要陪伴孩子，而且应该是高质量的陪伴。所谓高质量的陪伴，不仅是时间上的陪伴，还是一种心灵上的、精神上的陪伴。

第二，父母要充分尊重儿童权利。在这一点上，我觉得可能父母普遍都做得不够。而这恰恰就是家庭教育出现问题的一个源头。很多人总觉得"孩子有什么好尊重的，孩子就得听大人的"。其实《中华人民共和国未成年人保护法》以及联合国的《儿童权利公约》里面都明确规定了儿童的生存权、发展权、受保护权和参与权。

第三，父母应该给孩子一种弹性空间。也就是说，父母的陪伴，父母的教育，不应是让孩子窒息的。

第四，在孩子的童年时期，父母要做好自己，给孩子留下一个深刻的正向印记。我认为这是极其重要的。我今天还翻到了去年6月17日我在微信朋友圈里发的一段话。我说我对父亲的童年记忆是他从没有打骂我，我只记得父亲种的山芋比别人家的大得多，冬瓜、土豆比别人家的产量高,编织的草窝深受城里人的喜爱。我一直觉得是母亲的坚韧与担当成就了我们兄妹俩。但是我忽然发现,父亲的"有一技之长就饿不死"的信念也一直在默默地影响着我们。所以,父母都是生命的教科书,即使没有说教,父母自身对生活的这种认真的态度,也会对我们的成长起到引领作用。

 孟 瑾

我想到了我的儿子。因为我对他的管教比较严格,他小时候写文章一般都是写爸爸对他如何好,外婆对他如何好,没有一篇写我。但初三的时候他写了一篇周记一样的小作文,说"母亲是我心中的一首歌"。他觉得我对工作的热爱、全身心地投入,对他的感染最大。所以我一直有这种体会,孩子不是管教出来的,是感染出来的。

 孙云晓

很多父母都会犯一个战略性的错误,就是在孩子 10 岁前,特别在孩子读幼儿园的时候,很少管他。父母总是认为:这么小的孩子不用管,长大了就好了,大了就懂事了。有的父母忙于工作,把孩子交给老人带。等孩子大了,将近 10 岁了,父母发现孩子有好多毛病,开始想管了,但发现管不了了。10 岁之前,孩子在心理上,对父母是崇拜的、依恋的。在这个依恋的时期,父母对孩子的管教非常容易。在这个时期打基础就非常重要。10 岁以后,孩子慢慢会进入青春期。处于青春期的孩子特别需要理解和尊重。所以在孩子10岁前的陪伴是最关键的陪伴。父母应该在10岁前对孩子严加管教，精心陪伴。基础打好后，孩子以后的成长就顺了。

另外，无论是陪伴还是教育，它都是有方向的。什么叫方向？陈会昌教授和他的团队对200多个孩子，从两岁开始跟踪研究20年。20年之后他们发现，成长得最好的、最理想的孩子是主动性和自制力都很强的孩子。主动性和自制力实际上就是人格最核心的要素。主动性和自制力都比较强，才是高质量的童年教育的结果，才是父母为孩子的一生打下的最亮的底色。

孩子的天性

孩子的天性是世界上最宝贵的东西。很多人长大后都会怀念儿童时期。其实他们怀念的就是那时天真无邪、自由自在的状态。所以，父母在教育孩子的过程中，一定要尊重和保护孩子的天性。这种天性也许会慢慢消失，但它会随着孩子的成长慢慢成为刻在孩子骨子里的美好品质，从而让孩子受用一生。

 孙云晓

我认为，"儿童乃成人之父"。我今年63岁。我的童年有两件事情给我留下了最深刻、最美好的印象，而且这两件事情改变了我的一生。第一件事情：童年的时候，我喜欢拥抱大自然。我经常到山上去抓鸟，或到海里捕鱼捉蟹。第二件事情：在 11 岁那一年，因为一个特殊的原因，我读了一批被"抢救"的文学名著，从而爱上了文学，然后梦想成为作家。后来我发现，童年的这两大关键因素——拥抱大自然和爱好文学影响了我的一生，因为这两个因素中一个是体验大自然，另一个是审美。这就是童年的力量。在那么一个特殊的时代背景下，在那么一个家境贫寒的环境下，这两个深刻的体验让我获得了一生的幸福体验。所以我觉得给孩子一个什么样的童年，他就会有一个什么样的未来。

 黄辛隐

我跟孙老师差不了几岁，所以孙老师讲什么，我的共鸣会特别地强烈。刚才听孙老师讲他童年故事的时候，我就想到了"诗和远方"。

孙老师说到大自然。我觉得大自然就是"远方"，远方永远都是每个人心里那块很干净的地方。尽管这个社会浮躁喧嚣，还有很多东西很丑恶，但是只要心里有了那块干净的土地，任何时候我们就都是干干净净做人的。

"诗"，我觉得就是孙老师刚才说的他读的那一大包书。我在大学里教书。对大学生，除了说诗和远方外，我还对他们说历史和自然。在苏州市第一中学的校园里有一棵千年紫藤，这成了我上课的一个标配。只要紫藤花开，时间也有余的时候,我就会把学生们带到紫藤下面。我告诉他们这也是在上课,可是其实我什么也没教。后来我发现这些孩子写微博或者微信朋友圈时都会说:"今天的课是我们这一辈子上过的所有课程中最难忘的一节课。虽然在这节课上黄老师什么都没有说,但是当我们站在千年紫藤下,突然就领悟了什么叫活着,什么叫好好活着。"

所以我觉得,如果孩子在童年发生了一些不愉快的事或者受到了小小的创伤,在后面的教育中,家长只要有心,只要心中的诗和远方还在,只要用心地陪伴孩子一起走,孩子的人生就还是有很大的可塑性的。

 孟 瑾

我们一直说儿童的天性就是自然,所以为儿童创设什么样的环境非常重要。随着经济时代的发展,教育越来越精细,越来越看重儿童的认知学习,反而忽略了教育的本质。我觉得幼儿教育更应该以直接的感知、实际的操作和亲身的体验为主,而不是把灌输式的教与学看得很重。

直接体验的重要性

古人云:"读万卷书,行万里路。"孩子只有经过体验和实践才能长知识、长才干。父母和老师教授的都是间接经验,而孩子的体验才是直接经验。孩子只有有了直接经验,才能将间接经验消化和吸收。

孙云晓

有的父母说:"我家孩子没有主动性,也没有什么兴趣爱好。"我认为这种说法是不对的。孩子不可能什么爱好都没有。我跟多元智能理论的创始人霍华德·加德纳教授通过邮件讨论过这个问题。他说:"要发现孩子的潜能,培养他探索的兴趣,首先要给孩子丰富多彩的体验。比如你可以带他到博物馆、科技馆或者其他地方去体验。当孩子在这些地方体验的时候,你看看他对什么感兴趣,在什么地方体验得较多,通过观察,就容易找到孩子的兴趣点。他对某个事物开始感兴趣了,主动性也就产生了。"所以,并不是孩子没有主动性,而是你没有给孩子足够的体验,你没有发现他的潜能、他的兴趣。而且孩子在探索中,成功的体验越多,他的主动性就越强,他的自信也就越强。因此,给孩子丰富多彩的体验非常重要。

今天的孩子懂的道理特别多,学的知识也特别多,但是这些道理和知识往往都是间接经验。对孩子来说,直接经验特别少。孩子可能喜欢玩沙子、玩土或者玩水,甚至有时候没地方玩了,他就拿根棍子,在家里的马桶里"咕噜咕噜"地搅。大人觉得这很脏,但孩子觉得需要。那是生命的需要。孩子特别需要在大自然中去亲身体验,去直接感受,这样才能把他的积极性激发出来。

 **李婧娟**

我回想起来,我童年时就是尽情地玩耍。下午放学后我就跟小伙伴去割草,在割草的时候和大家一起背课文。作业我从来都是在学校里完成的。回到家我从来不做作业,不是割草就是爬树、掏鸟窝。所以我觉得,童年时孩子最需要的可能就是释放生命的活力,在释放中找到人自身的一种自我存在感。但是到了中学,我一点也没有耽误学习。除了睡觉、休息时间外,我几乎把所有剩余的时间都用来学习了,而且学得特别好,也特别轻松。

 孙云晓

美国的心理学会前主席斯腾伯格谈到,人的成功智力有三个,分别是学习智力、实践智力和创新智力。其实实践智力对一个人的成长意义巨大。现在为什么好多孩子自杀?我们不要把自杀的原因想得太复杂了。如果孩子的生活经验多,实践经验丰富,当他碰到困境的时候,他就会有很多选择,他就会很有智慧,他就会有很多方法摆脱困境。但是一个只知道学习的孩子,在碰到困境的时候,他没有别的选择,他觉得无路可走了,就会选择死。大教育家卢梭有一句名言:"教育就是要浪费时间。"家长们听不下去了。谁敢浪费时间?卢梭说的浪费时间,就是指你要给孩子足够的时间,你要等待他。孩子需要去实践探索,甚至犯错误。只有经历丰富起来了,孩子的人生才能丰富起来。

黄辛隐

在这里,我想讲一件发生在我女儿身上的事。她曾经在立达中学读初中。在她初二时,有一天下午下大雨。那天我跟我爱人都在学校里忙着。下课以后,老师让她去办公室处理一些事情,于是她就去了。事情全部处理完以后,教师办公室就剩她一个人了。她关了门窗,再冒着雨,跑去教室,这时教室的全部门窗都关上了。她的书包、雨披等都拿不到。那时女儿没有手机。她口袋里有一张电话卡,她的第一个反应就是借公用电话给我们打电话,想让我们去接她,结果偏偏都没打通。她身上没有一分钱,她就把她的立达中学的学生证押给了学校边上小卖部的老板娘。她告诉老板娘:"我是立达中学的学生。你看这是我的学生证。你借我20块钱,明天我肯定来还你的钱,同时拿学生证。"她回到家时我们已经到家了。她开始是有点害怕的,不知道这件事她做得对不对。她颤抖着说:"我今天是打车回来的。"她把事情的经过一讲,我跟她爸爸都很开心。我们告诉她:"这比你考几个一百分更让我们高兴。不要什么事情都想着求助于我们。爸爸妈妈有自己的世界,你也要有自己的世界。"

第二天我特意抽了时间,带着女儿一起去还钱。老板娘对我说:"你这个妈妈为什么今天才来?"我说:"如果你昨天不借给她钱,并且跟她说'学生证算什么。我怎么相信你呢',我的孩子就会受到很大的打击。她就不会知道自己学生的身份其实代表着诚信。你昨天借的20块钱让她知道她的诚信是有价值甚至是无价的。所以我今天来还钱,是来谢谢你的。"老板娘看了我好几眼,然后说:"你应该是蛮有学问的吧!"我说:"我只是读了点书、认识点字而已。"她说:"不对。你这个妈妈做得蛮好的。我能不收这20块钱吗?"我说:"不行。从我的内心来讲,我想还你50块钱,多还30块钱是为了感谢你,但我知道你不会收,所以我就只还20块钱。"

因此,我想跟各位家长说的是,很多时候,家长不要老是莫名其妙地对孩子说"你真棒",而是要让孩子知道,他这一生后面还会遇到很多困难,但是他不必害怕,因为爸爸妈妈会陪伴着他。然而,这个陪伴不是给钱,也不是给他很多东西,而是要让他相信自己。我觉得家长平时陪伴孩子时,要让孩子体会到:不管碰到什么事情,第一,他都可以处理;第二,他都可以回家,因为家是这辈子最温暖的地方。

帮孩子养成良好的生活习惯

俗话说"三岁看大,七岁看老"。此话虽有些夸张,但也形象地描述了孩子心理发展的特点:可塑性非常强。小时候孩子宛如一张白纸。外界的刺激给他留下的印象非常深刻,会对他的将来产生很大影响。这个时候父母就要努力培养孩子良好的生活习惯。良好的生活习惯对孩子一生大有好处。想让孩子拥有良好的生活习惯,父母就需要科学地引导,并让孩子反复地练习。然而,良好的生活习惯的养成并非一朝一夕的事。因此,父母需要从孩子小时候抓起,从细节抓起。

 徐 瑛

一年级的小学生进入学习阶段之后,他们会有怎样的一些不适应的现象和状态呢?据我们多年的观察,其实孩子们的不适应通常来自两个方面,一个方面是生活,另一个方面是学习。这两个方面各自指向了一个核心的问题,就是生活习惯和学习习惯的问题。学习习惯的问题其实还是生活习惯的问题。很多家长都没有意识到,从幼儿园进入小学,孩子的学习和生活都会发生很大的变化,而这些变化就是引起孩子焦虑的原因。我们学校每年都在新生入学之初,也就是在暑假里开设新生衔接班,给家长上课,给孩子们适应的时间,做一些课程的链接。在这个过程当中,我们也反复地提醒我们所有的家长,首先一定要弄明白小学和幼儿园的作息有什么不一样。家长要解决问题,首先要知道问题在哪里,然后再去找解决问题的方法。有些孩子在家里没有养成一定的良好的生活习惯。举个例子,在家里家长没有培养孩子整理的习惯,那么在学校里他是会经常出现丢三落四的问题的。这看似只是一个小问题,但家长一定要意识到,孩子在入学之后,一系列的小问题凝聚在一起,就会让孩子产生畏难情绪从而自我否定。孩子的这种情绪会波及未来他对学习的一种自信度，还有对学习的一种自我判断。所以我要表达的意思就是，家长不要担心你的孩子未来学习会遇到什么问题，而是先要解决孩子在生活中出现的一系列习惯问题。比如，幼儿园一堂课的时间可能只有20到30分钟，但小学一堂课的时间就变成了40分钟，而且是一节课连着一节课上的，这就要求孩子有一定的专注力，要有一个长时间用脑学习的习惯。我们谈到孩子专注力的时候，家长往往会说："我们的孩子注意力是非常集中的，他在看电视的时候可以一个小时甚至两个小时目不转睛地看。"但家长没有意识到，看电视是不需要大量用脑的，而在课堂上，孩子是需要大量的脑部运动才能真正学习的。所以看电视和上课在用脑上是有不同点的。我想表达的是，对于孩子的焦虑，家长不要把目光停留在焦虑本身上，而是要去发现问题，然后寻找解决问题的方法，这样才能帮助你的孩子度过焦虑期。

 孟　瑾

实际上幼小衔接也是最近困扰我的一个问题。每年我们花朵幼儿园大班的孩子毕业后，我最关心的就是孩子们出去后怎么适应小学？原来在幼儿园，很多我们认为发展得非常好的孩子，出去后也都会不适应。我觉得造成这个问题的因素有很多。从一个幼教管理工作者的角度出发，从我们幼儿园实施的培养孩子的模式出发，我要反思是不是我们的教育出了问题。在我罗列了一些问题，并思考了以后，我对我们幼儿园的教育方法还是比较自信的。我认为我们幼儿园在课程管理和保教质量的提升这两个方面没出问题。其实我们幼儿园从2002年开始就追随南京师范大学虞永平教授进行生活化、游戏化课程的研究。在这套生活化、游戏化课程中，我们充分地利用生活游戏，在生活中挖掘一些适宜的教育价值和元素，让幼儿在游戏和生活中做事、积累经验，并养成良好的习惯，以完成我们的办园目标——让每一朵花蕾都美丽绽放。我们要让孩子们在他们原有的基础上，全面、主动、和谐地发展。我们的这套课程两度荣获江苏省基础教学成果一等奖。十几年来，我们也在不断地对课程进行改良。像小班的课程，基本上以主题形式切入，以儿童经验为主，利用大量的区域活动，增加儿童的经验。课程的主题都非常贴合孩子。比如孩子们刚刚入园时，课程的主题就是"我的幼儿园"。除了教孩子们唱幼儿园的歌，念念幼儿园的儿歌外，我们更多的是让孩子们认识幼儿园，认识自己的班级，认识幼儿园的各个场所，认识老师，了解幼儿园哪些地方有好玩的，甚至去玩一玩，然后回来谈一谈，让孩子们在真实的环境中充分体验。又比如在"蔬菜水果我最爱"主题课程中，我们会让孩子们说一说他们喜欢吃的蔬菜和水果，从切入点出发，培养孩子们良好的饮食习惯。再比如"我喜欢玩的玩具"主题课程。孩子们有不少小汽车和其他小玩具。在这个课程中，他们一起分享，在一起玩的过程中构建与同伴相处的社会性。到了中班，我们的课程慢慢地向客观世界过渡。我们会组织孩子们参观周围的社区、幼儿园的周边地方等。到了大班以后，我们的课程会着重培养孩子们的兴趣。比如我们有从科学入手的"昆虫王国"课程等。最后一个主题课程是"我毕业了，我要升小学了"。在这个主题中，我们带孩子们参观学校，让他们自己整理书包，了解小学的作息时间。实际上我们通过一系列生动有趣的主题课程，整合我们一切的资源，尽可能让孩子们从生活中、从游戏中去感知、去感受、去操作、去体验，从而使他们得到发展。

 龚 苑

听了徐校长的话，我确实觉得我有点焦虑了。我的孩子现在读大班。相信很多幼儿园孩子的家长跟我一样也是有一点焦虑的。我的孩子读花朵幼儿园。花朵幼儿园一直注重孩子的个性化发展，开展的是比较开放的教育，所以我一直担心到了小学之后，孩子不能那么自由地参与一些活动。他在幼儿园可以很开心地、自由地选择一些他愿意参加的游戏。但到了小学，就像刚才徐校长说的，一节课连着一节课，这会让他觉得有一些枯燥，不适应。

我自己本身其实也是从事幼儿教育的。我可能比较注重培养孩子的专注力。我的孩子是男孩。我觉得他的注意力真的非常不集中，所以我会培养他阅读的习惯，每天会让他看书、看绘本。到现在其实我也没有刻意地教他识字，但是我的父母非常焦虑，就怕他不适应小学的生活，于是就教他，所以现在一些不带图的文字他也能读了。然而我并不觉得这是一件好事。我现在的状态就是，如果他学得太多，我就会很焦虑，但是如果一些东西他不懂，我又会担心他可能跟不上。

 卜雪梅

这种内心的冲突，每一个家长可能都会体会到。有时家长会觉得让孩子早点学一些一年级的知识，上小学以后他就不至于跟不上，他的自信就不会受到打击，但家长又会觉得这样做跟自己的教育理念不太吻合。这个时候，这两种想法的冲突真的会让孩子很为难。

 李婧娟

我刚才在听大家讲的时候，更多的是在想，我的孩子读一年级的时候，我做了什么，我当时是什么样的状态。我现在回想起来，觉得教训可能多于经验。当然经验也有一点。第一，我很好地帮助孩子完成了这样一个身份的转换，而且都是带着一种积极和欣喜的态度。大家刚才都在说一个词——焦虑。我回想起来，我从来没有焦虑过。我只是跟孩子讲："多好呀，你从幼儿园毕业了，马上要去上小学啦！"上小学的第一天，他穿着新衣服和新鞋子、背着新书包去上学，还在教室门口的一棵小树下拍了一张照。我告诉他："从今天开始我们跟这棵小树一起成长！"我觉得在这个过程中我帮助孩子完成了这样一个角色的转换。第二，我一点也没有想过会出什么问题，也没有感到焦虑。我觉得我很开心，因为我的孩子长大了。我希望我的孩子能够做到"三个第一"：健康第一，快乐第一，品行第一。我压根没想过要让他在学习上跟谁比。那时没有"苏州家话"，也没有人告诉我家庭教育要注意些什么，我只是凭着自己的认知去教育他。

当然，在教育孩子上，我有经验，也有问题。第一，我觉得在孩子的习惯养成上，我没有提前很好地去训练他。惨痛的教训发生在开学第一天。快放学的时候，我到教室门口去看。我意外地发现，我的儿子被老师罚站在讲台边上，而且就他一个人，但是他根本不知道站在讲台边上意味着什么。他依然很开心，照样跟同学在玩，在互动，而我倒是心头一沉。我想，他怎么第一天就被老师罚站在讲台边？我是这个学校的校长。就算老师跟我有什么恩怨，他也不会因此惩罚我的孩子。一定是我的孩子太皮了，所以才被作为典型人物"拎"到讲台边。第二，可能因为是校长，忙于公务，我就觉得好像做好校长比做好妈妈更重要，所以错过了陪伴孩子认真进行亲子阅读的最佳时间，没有培养他阅读的习惯。这是我最大的痛点。我孩子的学习成绩一直都不错，这靠的是他的天性，靠的是他的智商。现在他已经成年了，经常说："我小时候没有养成很好的阅读习惯，以致现在阅读主要是通过听。我没有耐心坐在桌子边安安静静地看书。"但是他现在知道读书的重要性，所以他现在休息的时候，常会听各种各样的书。

幼小衔接是很重要的事儿

孩子从幼儿园进入小学后,不仅学习环境发生了转变,学习方式、行为规范等方面也都发生了变化。这些变化会使得孩子"断层",因此孩子需要进行幼小衔接。

 赵石屏

幼儿园到小学的跨度为什么衔接起来那么困难呢?因为幼儿园是以游戏为中心的,但是小学是以学习为中心的。家长要让孩子在作息时间上做好准备。读幼儿园时,孩子去晚一点,好像没问题,但读小学后就不可以迟到了。读小学后,有的孩子早晨经常会起不来,而有的孩子会害怕迟到,晚出门两分钟,他自己就比家长还焦虑。孩子是在用自己的情绪去适应学校的要求。他也想表现好、不迟到、学习好,所以实际上孩子有的时候比家长还焦虑,但是家长可能会忽视这一点,只顾着自己的教育。

除了要适应作息时间的变化外,孩子还要适应语言表达方式的变化。孩子在一岁左右的时候开始学说话,学的是口头语言,所以幼儿园里面有些孩子,口齿非常伶俐,而且还声情并茂。有一次我听到一个四岁女孩给她姥姥说:"姥姥你别打我嘛,你抱抱我好吗?"这么小的孩子就会以情动人了。但是到了小学,书面语言是重点。要学好书面语言,首先要识字。所以六七岁的孩子,他每学期要学几百个字,到二年级末的时候,就能够进行基本的读写了。这个时候他才开始使用书面语言。对孩子来说，使用书面语言的困难是很大的。他不光要会写，还要会听、会说、会读。为什么听说读写都要会呢？因为只有听说读写都会了，他才会用。所以这个学习的过程至少要持续到小学高年级，而且四年级是一个坎。四年级是学习书面语言的关键期。这个坎是很大的一个坎。孩子要迈过这个坎，需要家长帮助。他说得好，但是不一定写得好；他认得字，但是不一定会用。所以家长一定要注意，在孩子识字以后，要让他把字放在一个词语里面去理解。为什么要把字放在一个词语中去理解呢？因为一个词语才是一个概念，我们最后用的都是概念。那么有了概念之后，这个概念他是不是懂了呢？这时家长就要让他造句，用这个词来造句。这看起来很简单，但是对一个中低年级的孩子来说，很难。所以我经常跟家长说，最好让孩子用口语来造句，但是不要一天到晚都让他造句。比如全家一起郊游时，在某一个合适的场景下，有个词恰好"跳"出来了。这时，家长就可以让孩子用这个词说一句话。这句话不一定要有定语、状语和补语，只要有主语、谓语和宾语就够了。他会说，到他需要写的时候才会写。这样的练习是小学中年级孩子学习的一个重点。但是现在我看小学一年级的孩子已经开始造句了。现在因为很多家长朝前赶，所以老师也被迫要朝前赶。但我认为，一年级就让孩子练习造句不太合适。

除了前面提到的两个适应困难外，孩子还有第三个适应困难，就是要适应从具体思维到抽象思维的变化。比如孩子还在掰手指数数的时候，要依赖具体的手指，有的时候自己的十个手指不够，加上妈妈的十个手指也不够，还需要爸爸把手伸出来才能数完。这种数数的方式就属于具体思维方式。但是人类之所以可以突飞猛进发展到现在，就是因为有抽象思维。所以家长应该促进孩子发展抽象思维，尽量地促使他脱离手指、小棒、玻璃等具体的东西。但是具体的思维又是抽象思维的基础。比如"三"。谁真正见过"三"呢，都没见过！我们看到的是三个人、三个苹果、三辆车等。"三"是抽象的，就是在大脑里面可以把握的。它只是一个抽象的符号，而孩子需要用这个符号来运算。随着智力的发展，孩子越来越需要抽象思维。而好多孩子就是在这个问题上被困住了，他的抽象思维没发展起来。

另外，我觉得孩子的理解力很关键。因为老师讲话、布置作业都是在用语言操作，而孩子的理解力是有限的，有些孩子可能听不懂老师的话。像我的孩子上一年级的时候，我常跟她说："你要专心听讲啊。"她连连点头。放学回来之后，我问她："你今天专心听讲了吗？"她说："我很专心的。"我又问："老师讲的什么？"她回答："不知道！"

 李婧娟

我想到我自己上一年级时确实也是这个样子。小孩子从幼儿园到一年级后的一段时间内可能是懵懂的。也许每个人的情况不一样。在一年级的上半学期，我在前半个学期内都比较懵懂。老师叫我默写生字，我不知道老师在说什么，我一个也写不出来。父母没有特别关注我的学习，因为他们干活都来不及。所以我不焦虑可能是因为受到了母亲的影响。我在读书的时候，母亲从来不焦虑，她忙她的，甚至还叫我帮她干干活。突然有一天，我顿悟了，老师报生字的时候我听得懂了，老师说的字我能听明白了。从那以后我默生字都得一百分。我曾经是学霸，学习成绩一直很好，但是在一年级时我有一段时间也是懵懂的，所以，家长要允许孩子出现这样一种状况。至于幼小衔接，除了赵老师讲的那些外，我觉得最主要的是父母如何帮助孩子在心理上完成适应，让孩子觉得上小学是快乐的，是开心的，是有意思的。

 孟 瑾

在这里，我想说一说有关我儿子的事。我也是一个妈妈，但是我一点都不焦虑，可能因为我是一个幼儿园老师，我对我儿子的早期教育比较重视。就像刚刚徐校长说的，在儿子很小的时候，我就注重他的动作的发展，从大动作到小动作再到精细动作。比如玩玩具这件事。他的玩具很多。我们给他提的要求就是，他可以玩玩具，但是玩完了要把玩具整理归到原处。平时只要是他自己能做的事，比如吃饭、穿衣服，我们就让他自己完成。一个孩子良好的学习习惯一定是建立在良好的生活习惯上的。所以我每一次开家长会,总是要跟家长说,家长千万不要以爱的名义把孩子发育甚至发展的权利都剥夺了。

 徐瑛

我们学校本身也在做生活教育。其实在孩子适应的过程中很重要的一点就是他的自理能力。我举一个例子。我们学校一年级的一个学生,他在学校里边是不上厕所的。有一天他的妈妈非常焦虑地跑到我这儿跟我讲:"你们能不能把校服裤子的系绳这个环节改成松紧带?不要用绳子。"其实校裤本身就有松紧带,但也带了一根绳子。为什么这么设计呢?因为每个孩子的身材不一样。胖的孩子就不需要系绳,而瘦的孩子腰细细的,需要有根绳子,否则系不紧裤子。我问那个孩子的妈妈:"你让去掉绳子的原因是什么呢?没有家长提过这样的要求。"她说:"我儿子昨天放学后刚进家门,就尿在裤子上了。他不会系裤绳,他担心上了厕所之后,没法系裤绳,然后裤子会掉下来。所以他一天都憋着尿,也不喝水。"我不能想象这个孩子在尿急时承受了多大的心理压力和生理上的不适。这个孩子就是一个很典型的例子。

我们还发现有些一年级的小朋友在午餐就餐的时候挑食,这个不吃,那个也不吃,晚上回到家里就拼命吃爱吃的,甚至有孩子要求爸爸妈妈每天中午要烧好他爱吃的菜,送到学校里给他吃,因为他拒绝吃学校的午餐。

我前面讲的两个例子只是一部分个案。各种各样的个案其实都是存在的。有些个案我们发现了，因为太突出了，但有些个案可能是潜在的，我们还没有发现。那么我们试想，在这样一种生活自理能力缺失的状态下，孩子如何能适应小学的学习生活呢？这种情况我们很多老师和家长可能都没有关注到。

我再谈一谈和孩子交流的问题。那天我去听我们学校一个一年级语文老师的课。老师声情并茂地上课，对孩子提了一个朗读要求："孩子们，用你们饱满的声音来朗读这篇课文。"我事后点评的时候，就问这个老师："一年级的孩子懂什么叫饱满吗？你告诉我，饱满的意思是什么？"我们在和孩子沟通的时候，一定要说孩子听得懂的话。我们要假想自己是一个一年级的孩子。对于孩子的父母，这个意识特别重要，否则亲子沟通就容易出现这样的问题：父母说的话孩子听不懂，孩子要表达的意思父母听不明白。所以了解孩子的身和心处于什么样的状态有利于我们更好地让孩子在不同的年龄段健康地成长。

 赵石屏

我接着徐校长的话再说一下关于理解力的问题。我曾经在小学一年级第一学期的期末考试上看到过这样一个场景。高年级的老师来监考一年级的学生。老师交代了考试要注意哪些事项以后，坐在老师前面的那个女孩端端正正地把手举起，然后站起来，用很甜美的声音对老师说："老师，什么叫期末考试？"那个老师当时就愣了，因为她是高年级的老师,从来没有回答过这个问题。她说:"一学期结束了,要进行的考试就是期末考试。"孩子们听后就开始考试了。老师要念题,因为孩子识字有限。当老师念到"某某某有九个苹果,某某某有六个苹果,他们一共有多少个苹果"的时候,旁边一个小男孩应声答道:"老师,我知道,有15个苹果。"他就这么把答案说出来了。老师就对他说:"考试的时候不要把答案说出来。说出来是不对的。"旁边另一个孩子听说"是不对的",就赶快把自己写的"15"擦了。擦了之后,我就看他扳着手指算,然后说:"老师,是15啊。我算了两次,结果都是15。如果不是15,那是多少啊?"这个时候老师被他们弄糊涂了,便转过头去跟那个小孩说:"我不是说15不对,我的意思是把15说出来不对。"老师旁边另外两个小孩就吵起来了。那个女孩说:"我说是15,你说不是。"然后那个男孩说:"你没听到老师说吗?15说出来就是不对的。"你看他们的这种理解力。六七岁的孩子读了一学期的书了,还是不能理解老师的意思。所以,好多家长朝孩子发火的时候并没有意识到,孩子其实根本不知道你在说什么,因为他不能理解。而这个理解力要培养起来的话,我觉得一般需要三年。当然一个班大概有四五个孩子的理解力相对比较强。你的孩子如果是那四五个之一,那么你可以省点心;如果你的孩子不在那四五个里面,那么你需要耐心培养他。如果三年之后你的孩子在语言理解上还跟不上班里的平均水平,那么你可能要对他加强训练了。

刚才徐校长和孟园长都说到生活能力的问题。在座的幼儿园孩子的家长和一年级孩子的家长可能都要做同一件事情，就是把孩子变得很利索。利索的孩子容易学好。为什么呢？因为孩子在小学里面必须一个人独立完成一些事情：打开文具盒，拿出铅笔，上体育课前换衣服、换运动鞋……对于幼儿园和小学低年级的孩子来说，系鞋带是一个有难度的基本功，孩子在四五岁时就要开始学习系鞋带。上小学的时候，如果你的孩子能够自己利索地系鞋带，那么前面说的那些事情他基本上能独立完成。我们说的做好入学准备要做的第一个动作就是系鞋带。你在家里可以代替你的孩子做一切事情，但是你不可能天天跑到学校去给他系鞋带。我之所以说利索的孩子容易学好，就是因为他可以在学校独立完成各种力所能及的事情。

苏州家话

第二章

青春期：孩子成长的关键期

　　青春期是每个个体都要经历的成长阶段。进入青春期的少男少女，其人际交往和儿童期的大不相同。对于他们来说，在这一时期，父母不再那么重要，在他们心中的威信开始下降。他们更愿意和同龄人待在一起。他们渴望独立，渴望摆脱父母的束缚，渴望建立自己的社交圈子。他们勇于表达自己的观点，不再唯父母是从，显得有些叛逆。有智慧的父母不用感到沮丧，而应该将更多的时间、精力和金钱投入亲子关系和家庭氛围的建设中，多关注对孩子的心理支持和情感呵护，这样才能为孩子的健康成长提供正能量。

青春期的解读

青春期连接了儿童和成人两个阶段,是人一生中非常重要的时期。它不是疯狂、失控或者不成熟的时期,而是一个增强情感和培养创造力的关键时期。它不是一个需要熬过去的阶段,而是一个应该好好发掘的人生阶段。

 李婧娟

看了题目以后,我的脑海里马上涌现出了一个画面:一反常态的孩子和一筹莫展的父母。这是我看到这个题目时的第一反应。说到青春期,如果要用一个词概括的话,我自己首先想到的就是"鸡飞狗跳"。

 杨咏梅

我也描述一个画面。这是我的真实感受。我现在觉得它与孩子在青春期时父母的感受很相似。在漆黑的夜里,我们在高速路上开车。忽然暴雨如注,但我们不能停车,只能跟着前车隐隐约约的尾灯,放慢车速,左顾右盼,小心翼翼地咬牙坚持,因为过了这一段路,才有下高速后的安全的路或者比较清晰的看得见的路。很多父母没有做好青春期的预备工作,就会在这一段路上非常地痛苦,既停不下来,又回不去。

 牟映雪

青春期的孩子是半幼稚、半成熟的"小大人",也就是一半是孩子,一半是大人。说到青春期,我眼前的画面就是唠唠叨叨的父母和捂着耳朵不愿意听的孩子对立的场面。

 朱文学

面对一个青春期的孩子,我觉得说他是小孩不合适,因为他已经长大了;但说他是大人,也不合适,因为他还不完全是大人。就像刚刚牟教授讲的,这个时期的孩子还处在半幼稚、半成熟的一种尴尬的阶段。

 邢　华

我是这样理解的:青春期的孩子都要经历从儿童到少年再到成人这个过程。这个过程是回避不了的。我所理解的青春期是一个过渡的时期,就是一个生命成长的过渡期。

生理快速变化引发心理变化

青春期生理上的急剧变化冲击着心理的发展，使身心发展在这个阶段特别容易失去平衡。生理上的快速成熟使孩子产生成人感，而相对缓慢的心理发展又使他们仍处于半成熟状态。

 朱文学

青春期是孩子生理变化发展必须要经历的一个时期，也是孩子快速生长发育的一个时期。我儿子初中时很快就长高了，而且他给我的感觉就是喜欢运动。我记得每天下午四点多，他基本上要去打篮球。吃了晚饭没什么事，他就喜欢到古城区巷子里骑自行车，还要他妈妈或我陪着。到了高中以后，他基本上就不愿意跟我们出去了，宁可跟同学活动。他跟我们的合影中，他读幼儿园时的最多，小学三年级以前的也比较多。后来我们跟他合影的机会就越来越少了。所以从这个角度来讲，随着生理的发展，他的心理也发生了一些变化。

 杨咏梅

我特别同意朱校长的说法。我记得我女儿在青春期时有一个学期长得特别快。校服裤脚原来需要卷上去的，一个暑假之后原来卷上去的那部分就得放下来了。我非常赞同在这一时期给孩子足够的运动时间。另外，这个阶段孩子的能量是很足的，所以家长不要再习惯于认为孩子坐在桌子前面才叫学习。如果你还继续那样要求他，那么他肯定会与你发生冲突。他有大量的运动，你应该感到非常高兴。

刚才朱校长讲到了照片的变化。其实这就是青春期的一个规律——重要他人发生转移。诸位做父母的，在孩子进入青春期后，请你们做好一个思想准备，就是你们要开始被嫌弃了。这是很正常的。他不再什么都跟你们商量，他的重要他人变成了他的伙伴或者偶像。我也非常明显地体会到这一点。我的女儿不再像原来那样崇拜我，或者什么事都愿意告诉我了。有一天进家后我发现，她没有跟我商量，就在墙上贴满了某人的海报。我忘了那个人是谁，反正我不认识。牟老师说青春期的孩子一半是孩子，一半是大人。我的体会是，当他们要权力的时候，他们就要过光棍节，他们会说"我是大人"；当他们需要呵护，又想推卸责任的时候，他们就要过儿童节。

青春期是对亲子关系进行"体检"的时期

青春期的孩子认为成人不理解他们，因此对成人产生不满和不信任。与此同时，诸多苦恼又使他们倍感孤独和寂寞。他们很希望与他人交流、沟通，并得到他人的理解。这种开放胸怀的愿望促使他们很愿意向同龄朋友推心置腹。其实，他们也希望在一定程度上向自己认为可信赖的父母吐露心声。

 李婧娟

我觉得孩子到了这个时候出现叛逆这样一个状态是非常正常的,这说明他在成长。而且我觉得在这个时期,除了生理上的一些快速的变化之外,孩子在心理上的变化更需要父母去关注。心理上的变化往往就是造成所谓的一般概念里的叛逆冲突的原因。当孩子出现叛逆时,家长一定要用一颗淡然的心去看待。这种情况的出现非常正常。但是我觉得如果孩子一直处在这样的一个状态里,那么这可能就是一个红灯闪烁的警示了。这说明什么?说明父母对孩子不够了解,还不知道怎么去和孩子沟通与相处,不知道采取怎样的教养方式,也说明父母现在跟孩子相处和陪伴孩子成长的能力还不够,需要学习。

孩子在青春期尤其需要精神成长,需要精神的滋养。但是在这个时候,如果父母没有足够的能力,还是停留在原先"我只是照顾他的身体,只要让他吃饱穿暖,呵护好他的生活就行了"的思想状态下,那么父母是不能满足孩子成长的需要的,冲突就会发生。

所以我认为,父母应注意以下几点。第一,叛逆是孩子成长过程中的一种必然现象。父母要用这样的一种心态去看待:这太正常了,太自然了。第二,在这个时期,实际上对父母来讲,孩子的表现恰恰是对父母角色的一次考验,考验父母是否尽职,是否合格;同时也是对父母智慧的一次考验,考验父母是不是有足够的智慧。第三,从亲子关系来讲,孩子的表现其实也是对父母跟孩子的亲子关系是否牢固的一次最好的考验。我觉得父母至少可以从上述三个方面来看待青春期。

 杨咏梅

有关青春期,我想给一些积极的解读。我们要为孩子青春期的到来感到欣慰,感到很开心,因为青春期的到来说明我们的孩子发育正常,说明他要练习长大了。他需要有说"不"的勇气,需要有质疑权威的勇气,需要有跟领导和比他位置高的人勇敢地表达自己想法的勇气。孩子处于青春期的时候,父母可能会流比较多的眼泪,会承受更多的痛,那是因为孩子更信赖父母,他要找"沙袋"练习。如果父母不给他这个机会,过度地压抑他,他显得很乖,那么将来他进入职场、成了家后,就会变成一个让父母非常担心的、没有勇气去做自己的人。所以在这个过程当中,父母就要做好流泪的准备,因为要当他的"沙袋"了。

我接触了许多案例以后,就发现青春期仿佛是家庭教育质量的一次强行"体检"。当孩子进入青春期之后,我们不管愿意不愿意,都会拿到一份"体检"报告。很多人不愿去医院体检,因为不去查,什么问题都没有,一查就会查出不少问题。大家觉得这句话客观吗?不客观,因为问题一直在那,只是你不去查而已。一旦孩子进入青春期，我们的家庭关系、家庭教养模式、家风等的问题就会在这个时期全部暴露出来。其中比较典型的一点是，有的男孩子比较懦弱。针对这个问题我认为所有的父母首先应该反省的是你们的夫妻关系怎样，在这个家里面，丈夫有没有被当作"头"来尊重，有没有必要的权威，因为男孩子是跟着父亲去学习怎么做一个男人的。所以当那些来咨询的家长流着泪说"糟糕啦，情况很多，孩子不听话"的时候，我一定不会跟他说回去如何对付孩子，我一定会告诉他："你先冷静下来，反省一下你们夫妻相处的时候有些问题是不是没有处理好。"

孩子进入青春期，会让我们家庭的观念、关系、秩序等方面的问题暴露出来。拿到这份"体检"报告后也许家长会感到震惊，但是这是件好事。

 牟映雪

关于青春期的叛逆，我觉得我们既要站在孩子的角度，同时也要站在成人的角度去看待这个问题。我想说明的是，在这个时期大家都要有一种心态，那就是减轻负担。而要想减轻负担，我们就要从一个普通人的角度，用一颗平常心来看待孩子的叛逆。

在处理孩子的问题时，我们首先要明白怎么去面对。在面对的时候，我们不要把对他人的期望值设得太高，因为期望值太高，就意味着把对方当作"神"，那么失望值就会很大。所以我们要降低期望值。在心理学上有个概念叫"自我同一性"。其实孩子也在不断地思考"我是谁"和"我想成为谁"等问题。每个孩子都想成为最好的"我"。但是在成为最好的"我"的过程当中，孩子也会对周围人的态度进行思考："比如我的家长怎么看待我，我的老师怎么看待我，我的同学怎么看待我，我的小伙伴怎么看待我。"我觉得学业成绩的优秀并不代表他能够在人格上及格。清华大学、北京大学等培养了很多非常优秀的人才，而这些优秀的人才一定都有一个共同的最基本的特质，那就是人格健全！

 杨咏梅

我女儿处于青春期时，我们之间的冲突非常严重，给我带来的痛苦非常大。之所以有这么大的冲突，其中一个原因就是我在坚持管教。虽然那个时候我知道她在向我要权，不停地要权，但是我没有完全满足她，而是有底线。在这里我举两个例子。

第一个例子就是我和她约定回家的时间。到了初二以后她就特别喜欢说："我要跟同学出去玩。我有很多跟同学的社交活动。你不要规定我必须晚上几点回来。"我相信大部分家长对此应该都有规定，对吧？我对女儿说："咱们家的规定就是你8点就得回来。""8点回来？我们还没有开始玩呢！丢死人了！"我一想也对，她初中了，我要调整，我说："这样，9点钟你必须回来。"她也不高兴。我说："你可以出去玩，但是有三点，你必须要让我知道，那就是你去哪儿、跟谁在一起、什么时候回来。只要这三点公开透明，你就可以去玩。"她说："9点钟时别人都玩得正高兴呢！没有哪家父母提这个要求。"我说："这是我们家的家规，别的父母我没办法管。""我不回来你会怎么样？""你不回来我就报警，打110。你可以跟你们同学说：'我妈就是个疯子，9点钟我不回去，她就会报警。'你就告诉你们同学，你家就是有奇葩家规。"你别看我现在说起来好像是在戏谑，其实就这个问题，我和女儿经过了多次磨合。9点，9点10分，9点15分……她还没回来。怎么办？我急了。她回来后就会说："我9点钟离开那了，但是堵车，所以到家就9点半了。"后来我就想，我强行画的底线，虽然没有达到我理想的效果——9点她按门铃回家，但是她在9点的时候，脑子里有一个"警铃"——"我要离开，我要回去了"，也是不错的。

第二个例子就是解决零花钱的矛盾。我在理财教育上特别失败。原来我是管控型的，我觉得吃喝什么的都给她供给得好好的，她为什么还要零花钱，一个星期5块钱还不够。到了初中的时候，因为社交活动多了，她要的零花钱就多了。她说要送同学礼物什么的。我们俩有段时间就很痛苦。她找我要钱，我就给她5块，她再找我要，我又给她10块，像挤牙膏一样。有一天坐下来，我说："咱俩谈谈你到底需要多少钱？"她说："我要干吗就干吗。"我说："这样吧，我一个月给你500块，从每周5块变成一个月500块。"我想她那时一定很开心，心想："革命就是有用。看，我妈输了。"我接下来跟她说："这500块钱是你的生活、学习之外所有的开销,包括你要买的书本、杂志、礼物、校服以外的衣服等的费用。"孩子刚开始对钱是没有概念的。她说:"500块钱巨款要一次性给我,不能分成几个星期给我。"我就给她了,我知道这就是要交的"学费"。结果怎么样?一个星期不到她就花光了。然后她还想来"挤牙膏"。这就考验我了。我要不要管教?我就对她说:"我们事先已经讲好了,一个月给你500块。但你这么快就花光了,所以你后面三周就没有零花钱了,喝水的钱没有了,公交车钱也没有了,自己走路去上学吧。"我认为这个时候家长一定要做到温和而坚定,就是要忍着,即使看着孩子汗流浃背,走得满头大汗,冰棍也吃不起,也要坚持。对于青春期的孩子,我认为家长不可以不管教。

我再补充最后一句,很多管教的话家长不要直接地说,比如"来,坐下来,咱俩谈谈",否则效果很糟糕。你故意跟别人打电话聊一聊你的想法或者电视里的一个类似场景,甚至假装不想让他听,他就反而会竖着耳朵听。

相信孩子,激发孩子的正向能量

青春期的孩子在受到肯定和赞赏时,内心深处会产生强烈的满足感;而在受到批评和惩罚时,又会觉得备受打击,容易产生强烈的挫折感。因此,父母要注意尊重孩子的想法,让孩子体会到他想要的独立自主的感觉,并相信他能依靠自己的力量，解决自己生活和学习当中遇到的问题。

 潘　琼

　　我的女儿现在读大三。我今天要说的是她高一时候的事情。那个时候她正处于青春期的叛逆期。她有一天回家，突然跟我说："我今天晚上做作业要关房门。"原来她做功课的时候，门是开着的。然后她说："你不要送水果进来，把水果放在外面，我会出来吃。"她说的第三句话就是："手机我要拿进去，因为我要查资料。"在她说完第一句话的时候，我说："好。"她接着很快就问我："你为什么不问我为什么？"我说："我有必要问吗？如果你想告诉我，你就会告诉我。"她说完第三句话的时候，她的爸爸发出了声音："不允许带手机进去。"然后我说："如果她需要查资料的话，我认为可以，相信她。"她没有回复我们的话，就进去了。在一个月之后的月考中，她考得不是特别好，所以成绩出来那天，她回来的第一句话就是："妈妈，你收到短消息了吗？我考得不太好。"我说："我收到了。"她说："我很难过。"我说："是吗？"接下来她说："那我该怎么办？"我说："要不我们先吃晚饭。吃完饭再讨论吧。"晚饭之后我没有主动问她成绩。她直接就跟我说："我们讨论一下好吗？"我说："这一个多月来我看到你很认真，因为你一吃完晚饭就进房间了，一直要到11点钟你才会出来。有好几天你都没有出来吃水果。"然后她告诉我:"也许'一分耕耘,一分收获'在高中不是那么回事儿吧。"我笑了笑,说:"我想你的努力一个月是不可能见到效果的,但是时间长了之后你所付出的就一定会有回报。"她没再说话,准备进她的房间。突然她说:"我决定了,从今天开始我开着门做作业。"我看了她一眼说:"为什么?"上次我没问为什么,但这次我问了。她说:"也许所有的人都是需要被监督的,开着门的话我会感觉你们一直在看我。"我笑了笑。接着她说:"手机放在外面吧。我休息的时候出来查资料就可以了。"在她高考结束之后我们谈论起了她关门写作业的事。她告诉我:之所以关着房门做作业是因为同学们都是这样做的。她觉得她长大了,她也要这样做作业。后来她决定打开房门并且主动把手机放在外面,是因为她发现在那一个月里我看到她很认真,她6点钟就进去了,11点钟才出来,而且她自己知道她在很多时候确实是在查资料、做作业,但也会开小差,所以她决定要改变。改变之后她发现有一点进步,觉得这么做是对的,因此从高一的下学期一直到高三,她都是开着门做作业的。我想这和信任及很好的亲子关系都是有关系的。

所以父母在面对一个叛逆期的孩子的时候,不要过多地去干涉他,但是也不能不管他,而是要远远地关注他。其实孩子是有很强的能力去反思自己的行为的,是会慢慢改变的。家长要做的就是充分地信任他、尊重他。

李红燕

其实孩子小的时候哪怕做错了,他也有机会去改正,因为犯错成本很低;但孩子到了青春期,甚至更大时,我们如果发现他有不合适的想法,就会觉得很着急,因为有的错误犯不得。我认为孩子都是需要被信任的。我讲一个极端一点的例子,这个例子与我女儿有关。我女儿是一个很聪明的孩子。她读书是不用我费心的,每次考试都考得特别好。但是她在青春期的时候也非常叛逆。我觉得她也有她的难处。当时她在芬兰的一所学校念书。整个学校里就她这么一个黄皮肤的孩子。她想成为主流、想被关注特别困难,所以她做了很多出格的事儿。我其实也不知道该怎么办,我只能倾听,尽量倾听。

她16岁的时候,有一天回到家里跟我说:"妈妈,这个周末某某某要来我们家,是个男孩,要在我这过夜。"那时候,我先生不在家,所以我觉得我责任重大,但是我不知道该怎么处理,就觉得很紧张。我对女儿说:"我想想。"我说"我想想",是因为那时候才礼拜二三,离周末还有好几天。我觉得我还不能跟我先生商量,因为他一定会说"不行",他是那种会说"绝对不行"的爸爸。我想,他肯定会说:"这孩子是不是疯了!她是不是想造反?!16岁男孩在她房间要干吗?"虽然我有点不知所措,但是我知道在她十一二岁时学校就讲过性教育,她回来就跟我讨论过性教育方面的事。我认为她懂很多这方面的事情。第二天到办公室我见到一个女士。她的女儿比我女儿大6岁。我对那个女士说:"我跟你说个事。"她说:"什么事?"我说:"我要求教。我女儿昨天跟我说,她周末要带一个男孩来家里过夜。"然后我的同事说:"你太棒了。你这个妈妈一定当得特别好。"我说:"打住,不要说什么好不好。我怎么没有这种感觉。你怎么就说我特别好?"她说:"你看她能跟你说这个事儿,她要把男孩子带回家。"我说:"这就难了,我不知道该怎么办。你说我是好妈妈有什么用,我还是不知道该怎么办。"我同事说:"你让他来呀。"我说:"你说什么?那是我闺女,我怎么让他来。"她说:"你想想看,你不让他来,哪儿没地儿啊,到处都是地儿。他们在你眼皮底下,你不还放心点?"她说得我心里非常纠结。我想了想,觉得好像也只能这样处理,所以后来回到家里我就跟女儿说:"我不知道你要他过来做什么。你们俩是互相喜欢吗?"她说:"那倒没有。"我说:"你要带他回家过夜,你知道妈妈会担心什么吗?你知道女孩子怎么保护自己吗?"她说:"妈妈你想多了,还不知道怎么样呢。"我说:"好,你应该知道怎样保护自己,咱们聊过'第一次'是怎么回事,什么是值得的。"我开始有点啰唆,她就打断了我的话,说:"妈妈,你不用说,我知道。"那天那个男孩真的来了,但是我睡得可踏实了。他们几点睡的、在一起做什么等,我都不知道,后来也没有问她。过了很多年,有一天女儿告诉我,其实那不是她男朋友。我说:"我一直没敢问你后来发生了什么。"她说:"什么也没发生。"其实有的时候孩子想要做的事儿,你信不信任他,他都会做,所以强行阻止也可能是无用的。

 李婧娟

每个人都希望有一种好的感觉,都希望有一种被肯定的感觉,而讨厌别人指出自己身上的问题或负面的东西。这是人的本性。孩子身上所出现的问题,我们不要把它当成问题,而是要去看这个问题背后的一些东西,比如出现问题的原因。每个孩子在本质上其实都有向善、向上、向美、向好的正向能量。孩子的内心深处都会有"我要成长"的心声。我想,向好的内驱力才是最重要的。教育孩子的方法有很多。不管哪种方法,只要能激发孩子自己想成长,希望成为更好的那个自己的动力,就是有效的方法。一旦这种动力被激发了,孩子就一定会越来越好。

撕掉早恋的标签,让孩子感受青春的美好

"早恋"是一个伪命题。伴随着第二性征的出现,青春期的孩子自然而然对异性有了好奇心。憧憬爱情是孩子的正常需要。

 李婧娟

我不赞成给男女生之间正常的交往贴标签。我宁愿用这样的话来表示:其实他们就是在进行异性之间相互交流的一种探索。青春期的孩子正在向成年人过渡,第二性征

已经出现了。孩子会因此觉得"我现在是个真正的男人了,或者我现在是个真正的女人了"。成年人的生活里所有的事情,他都会好奇地去想,或者都会好奇地去探索,都会去尝试。在这个过程中,作为一个社会人,他就是一个逐渐成熟的、立足社会的,能够跟各方连接的人,因此他当然要在青春期学习怎么跟异性相处。

林文采说:作为一个人,他天生就像一颗种子一样,会开出"五朵金花";只要给他创造一个好的环境,这"五朵金花"就会自然绽放。其中一朵就是爱的能力。

在青春期,孩子当然要去尝试怎么爱别人。在成长的过程中,如果他已经充分地得到了爱的满足,那么他去爱别人的时候也会非常得体地、适当地爱。当然,如果他在成长的过程中没有得到充分的爱,那么他也会去爱别人,但这个时候的爱可能就变成了一种控制和吸附。所以在这一时期,孩子自然跟异性交往,对异性有好感,都是正常的。回想我们自己在青春期时,有没有过这种对异性的好感:多看某人两眼,或者对某个人特别感兴趣?我想大部人都有过这样的体验。那既然我们有,为什么不允许孩子有呢?

孩子现在的很多表现,家长自己在青春期也有过,但是家长往往忘了自己是怎么过来的,然后就用今天的这一套理念去要求孩子,这时冲突就出现了。其实对于很多事情,家长可以睁一只眼闭一只眼。只要不突破安全的底线,或者道德伦理的底线,我甚至就认为无为而治可能是一种最好的方法。

杨咏梅

我想告诉大家以下几点。

第一,孩子的爱情也是值得尊重的。首先,孩子也是有爱情的。若家长看一些专业的有关儿童性心理发育的书,就会发现,如果爱情意味着毫无功利地去思念一个人,并且愿意为对方做点什么,那么就连幼儿园的孩子也是有爱情的。所以我们千万不要贴标签,不要去嘲笑孩子。我们要对"早恋"这个词有一个正确的认识。

第二,早恋其实是早练。所谓早练,就是我们说的早期两性关系的练习。这是孩子人生中非常重要的一件事。有的人因为分手就向对方泼硫酸,甚至要别人的命,这就说明他没有得到足够的练习,他不知道怎么表白,怎么拒绝,怎么面对被拒绝,怎么消化被拒绝的那种难受的情绪,怎么在被拒绝后重建"我其实挺好,只是对方跟我不合适。我还有信心再去爱另一个人"的思维。所以,家长应允许孩子适当地练习,否则将来他到了成家的年龄,表白被拒绝后,就容易崩溃。所以早练真的特别重要。

第三,在孩子进入爱情萌发阶段的时候,家长千万不要忘记给他爱的教育。爱的教育其实是价值观的教育,包括底线教育。很遗憾的是,今天我们的社会把性教育窄化为性知识教育,说得更具体一点叫安全性行为教育。这是非常糟糕的。有的时候学校给孩子们提供的所谓的性教育教材都有这个问题。我们现在就需要给孩子树立这方面的价值观，而不是等孩子长大了再跟他聊。比如，当孩子看到电视剧里的一些不合适的场景时，家长就要表明自己的态度，要告诉他这些编剧非常糟糕，这些不是社会现实。再比如家长和孩子在地铁上看见两个年轻人非常不雅地在亲热时，正确的做法不是捂住孩子的眼睛对他说"别看别看"，也不是去鄙薄或者骂这些年轻人，而应该是非常轻松地跟孩子说："他们很相爱，但他们不知道这样其实不雅观。"孩子是很聪明的，能明白你的意思。所以对于"爱"这个问题，请大家千万记住，不要把着眼点仅放在知识上。

一个朋友有一天跟我说："我儿子谈恋爱了。我跟他说：'反正你最起码别让人家怀孕。'"我当时听了就特别生气，对她说："你这是养狗的态度。狗主人为了不让狗发生类似的事，就把狗送到宠物医院去做手术。在那么关键的时刻，你有那么好的机会给孩子建立婚姻观、家庭观、价值观，你却说了一句糟糕的话。你这一句话说出来，我觉得他的整个人生层次就低了很多。那就是考验父母的时刻。"家庭教育难就难在不教而教。有的时候，家长不知道自己正在教。比如，妈妈跟闺蜜聊天，随便地说了一句话，而孩子正好听见了，他就会认为："这是我妈妈的观点，我将来就这么做。"孩子天天都像个雷达一样，24小时不停歇，360度吸收家长给他的一切影响。所以我们不要把劲使在怎么教育孩子上，而应该把劲使在我们怎么完善自己，让自己变得更好上。

牟映雪

我孩子所在的班级曾经发生过一件事儿。那是在初二上学期,在食堂里面突然有一个男生当着所有同学的面给一个女生表达爱意。那个男生拿了一枝玫瑰花。因为他们学校是寄宿制学校,所以花是别人从外面给他快递过来的。这件事儿很快就传到了班主任那儿。班主任是一个非常优秀的年轻老师,是学文学出身的。大家想想,班主任会去干什么?被表白的那个女生是他们班上成绩非常优秀的一个孩子,而那个男生在他们班上的成绩确实不怎么样。因为女生没有接受,所以其他同学就在旁边起哄。当时那么多孩子都聚集在那,那个男生就下不了台。班主任来到现场,对那个男生说:"你要好好努力。你看你今天被拒绝了,说明你还有可开发的潜能。你长得很帅,但是你要有内涵。你有了内涵以后,她就会喜欢你了。女孩子都喜欢又帅气又有能力的人。你要能够给她带来安全感,能够给她带来美好的生活,她才会喜欢你。"那个女生很聪明,是当时班上的班长,也是他们学校一个老师的孩子。她就过去对那个男生说:"你只要好好努力,我觉得我们就可以结伴而行,努力把这个班搞得更好。"晚上班主任就把那个男生的家长叫到学校来了,但是并不是为了让家长来训斥那个男生,而是怕家长给那个男生过度的压力。班主任跟家长说:"你不要训斥他,要让他有这样一种爱的意识,因为爱是伟大的,爱是纯洁的。"

爱是一种精神的需求。爱对于孩子来讲，是一种非常纯洁的精神。异性相吸是生理上的一种成长。青春期是孩子在心理上对婚姻形成异性观的一个关键时期。所以在这个时期，他们实际上是在表达对异性的一种美好期待。在这里我想谈两点。第一点，那个男生觉得异性相处中的一些美好的东西总是让人羡慕，于是选择了表白。所以我觉得不管是求爱的孩子还是被爱的孩子，都是伟大的，都是应该得到赞扬的。那么我想说的第二点是，出现这种情况，我们怎么来处理。孩子早恋的原因通常有两种。一种是觉得爱情是美好的。还有一种是缺乏安全感或认同感等。每个孩子都想成为自己心目当中最美好的自我，所以有一部分缺乏安全感，以及在学业上或者在同伴当中没有得到其他人承认的孩子，可能真的会陷入早恋。我觉得前面说的那个男生并不是早恋，他就是在表达一种美好的感情。这是一种正常的精神需求。后来那个男生成绩很好，直升到他们学校的高中部，而且他与那个女生也没有像大家所期望的那样出现早恋。而我讲的第二类孩子，很可能因为没有得到承认或者缺乏安全感等而出现早恋。一般来说，两个这类的孩子容易走在一起。对于这类孩子而言，只要别人多给他一点关爱，支持他，让他能够得到精神上的满足，也就能够满足他在这个时期成为一个独立自主的成人的需求，他就会试着走下去。

我觉得，学校可以适当地开展一些丰富多彩的活动，通过男生和女生可以合作的活动，让孩子们在活动中把异性这层神秘的面纱揭开来，在正常交往的过程中形成一种互助合作。每个人都能看到男生的优点，比如体力好、力气大等，也能看到女生的优点，比如很细心、手很巧等。在平等的合作当中，用我们的话来讲就是，男生和女生都能把多余的荷尔蒙释放出来。但是如果孩子真的发生早恋，那么家长也不要去过分干涉或者训斥孩子，应该去引导，去疏导，也就是要看孩子缺什么，然后尽力去弥补，或者从孩子最有优势的角度去帮孩子分析他能够得到他人承认的、能够与他人相互帮助的地方，慢慢地就能让他淡化早恋的想法。

 杨咏梅

我推荐一本书，但不知道这本书现在市场上是否还有卖。这是一本儿童小说，名字叫《本爱安娜》。本是一个外国小男孩的名字，本是本子的本。简单的情境就是，小孩们在起哄，说谁跟谁谈恋爱，然后有一天就在黑板上写道："本爱安娜。"老师怎么办？他把一个小危机变成了一个对孩子们进行爱的教育的契机。

刚才牟老师提到的场景，我觉得挺有意思。如果孩子还没有发生这种事，家长可以通过一些游戏来引导他。如果你养的是儿子，你就可以跟他说："儿子，假如你喜欢哪个女孩，你能不能想出 18 种表白方法来？"你一定要像开玩笑一样，和他做这种游戏。如果你养的是女儿，那么你可以跟她说："如果将来一个你不喜欢的人向你表白，那么你能想出哪些拒绝的方法呢？"在你和孩子做这种游戏的过程中,你一定要告诉孩子底线。有的女孩会把男孩给她的情书交给老师。作为家长,你可以这样引导你的女儿:"你可以拒绝,但你不可以羞辱对方。"

在座的有些家长今天听了牟老师讲到的这个案例,估计就在想:"万一我女儿碰到这个情境,在食堂里面当众被表白,表白的人还不是她喜欢的人,她会怎么办?"我觉得你们回去就可以跟女儿说说这个场景,然后跟她说:"闺女,咱们来演一演,让你爸爸来表白一下。"我觉得有必要模拟一下,因为有些处理的方法是需要让孩子提前习得的。牟老师说的那个女孩智商好高,但是我觉得不是每个孩子都能做得到的。我觉得那位老师的干预很及时、很专业,而那两个孩子更不容易。而且那种优秀的女生其实有时候反而会和班上最淘气的男生互相吸引。不一定是优秀的和优秀的互相吸引,因为优秀的乖孩子有时候反而会欣赏淘气孩子身上的那种创造力。

我认为,如果你的孩子真的有一天出现早恋了,你就一点一点地用好的亲子关系作为一个背景,来慢慢地把你想说的话说给孩子听,耐心地引导他。

 邢　华

当家庭给予孩子更多的爱的时候,孩子的爱就会留在家里,他也不会到外面去寻找爱。当学校或者社会层面给孩子更多的能够展现自己的舞台,让他迸发出青春的无限激情时,当其他的业余活动占据他更多的时间时,他就没有时间去谈情说爱。但是如果他空下来没事干的时候，他就可能会想要谈恋爱……

我讲一个案例。某所学校今年新进来一个初一的孩子。上课时他喜欢抓前面女孩的头发。女孩不理他的时候他就自残。后来老师去找他，问他为什么这样做，在与他的交谈中得知：他一天到晚在家里就是打游戏，打游戏结束以后，就想要找个女生聊聊天、说说话。其他地方他不敢去，他就在学校找找女同学，然后采取这种极端的行为。总而言之，他就是太空虚了，而家里的爸爸妈妈又没有给他更多的关爱，所以他就走了这样一种极端。

被理解的孩子不叛逆

每一个顺利走过青春期的孩子，都少不了父母的关爱。如果父母能因势利导，在尊重孩子需求的基础上理解孩子的困惑，聆听孩子的心声，做孩子最值得信任的朋友，引导孩子学会面对问题、逐步学会自己处理问题，让孩子能理解大人的想法并心甘情愿努力去完善自己时，孩子就不会出现所谓的叛逆现象了。

 李婧娟

你们的亲子关系足够好吗？你对孩子足够信任吗？孩子对你有足够的安全感吗？我觉得这些是家长必须首先去思考的问题。没有好的亲子关系，就不可能有好的交流。

孩子进入青春期后，如果父母发现跟孩子无话可讲，没有办法进行沟通和交流，该怎么办？我觉得要补救。其实这样的关系不是一天形成的。父母要先从信任孩子开始，从尊重孩子开始。不能表面上对孩子说我"信任你"，但是干的全部是不信任的事。偷看、打听、安插"卧底"这一类事都是自欺欺人的。这些都逃不过孩子的眼睛，孩子都会发现。所以家长应真正地把孩子放在一个平等的位置，和孩子建立友好的亲子关系。我举个例子。我觉得从小到大孩子跟我的关系都是非常好的，但是在他青春期的时候，我也遇到过几次状况，有点措手不及。高三的时候，有一次孩子回来跟我讲："从此以后不要对我抱希望了，我的水平就这样了。"我急忙问："怎么啦？"其实是那一次的测试成绩，他觉得极大地低于了他的预期成绩，而恰恰他所付出的努力前所未有。我知道他很痛苦，他已经到了要放弃自己的地步了。我很清楚，即使他觉得那次考得很差，他的分数也在本一线以上。这个成绩差不差？不差，非常棒。他之所以失望，只是因为他对自己的要求高了，而且他觉得我对他有更高的要求。我跟他说："你先休息一下吧。妈妈坐在你边上跟你聊聊。我觉得即使你考得不好，你的分数也能在本一线之上。如果你考得再差一点，哪怕考不上大学，你也依然是妈妈心目中最疼爱的唯一的宝贝儿子。"我当时就说了这几句话，其他什么话也没说。其实我就是为了帮他彻底卸下这样的一个沉重的包袱，让他从此轻装上阵。后来他真的是轻装上阵，所以能正常发挥。他说其实那次听了我的话，他真的很感动。

他觉得我跟他之间的深厚的情感连接在那一刻更牢固了。

 邢 华

在家庭中，有时候孩子和家长不一定会用语言沟通。家长心中的焦虑，孩子能知道；家长心中的期望，孩子能知道；家长的欣喜，孩子依然能知道。但是孩子不会表露出来，所以搞得家长心慌。

 李婧娟

我再举个例子。高一的时候，我儿子是团支部书记，班主任也很器重他。但是有一次他跟班主任发生了冲突。班主任打电话给我说："李校长（那时候我是学校的校长），不好意思，你儿子从学校出走了。我不知道他去哪里了。"正搁下电话的时候，我看见我儿子出现在家门口。其实那个时候他是不应该回来的，因为学校是有夜自修的。他就直接往楼上去了。我也没跟他说什么，也没追上去。我很正常地做晚饭。但是过了两三分钟，他又从楼上下来了。他对我说了这样一句话："我不能因为别人的过错就毁了我自己的前程。我去学校了。"我一句话也没说，就只向他竖了大拇指。究竟发生了什么事呢？班主任是一个严格管理班级的老师，趁孩子们去上体育课的时候，到教室里把所有的课桌翻了一个遍，把孩子们所有跟教学无关的书全部没收了，其中包括我儿子从学校图书馆借的那本《黑洞》。回到教室，同学们义愤填膺："老师怎么把我们的课外书全部翻走了？"其他同学不敢出头，但我儿子敢作敢为。他走进班主任的办公室，"啪啪啪啪"翻到了他借的那本《黑洞》，拿起来便扬长而去。班主任追到教室说："你怎么可以这么随便地到我办公室把这本书拿走？"我儿子反问："你怎么可以到我书包里把我的书拿走？"

这是一个真实的故事。老实说我儿子就是非常自然地在和班主任对话。他是一个非常有礼貌、很得体的人。他是用非常合适的一种语气和语调与班主任交流的。班主任说："这是我的规矩，这是我的班规。"我儿子说："班规不合理，要修改。"然后班主任说："如果你不执行我的班规，就请你从这个教室里出去。"我儿子说："好吧，这是你说的。"所以他就这么"出走"了。

所以父母应该怎么去跟孩子相处呢？其实只要你真正地懂孩子，真正地理解孩子，真正地尊重孩子，甚至当他犯了点小错误的时候，你也不急着指责他、批评他，他就会特别感激你、信任你，然后他自然就会告诉你事情的经过。

 杨咏梅

假如孩子已经对你封闭心门，什么都不愿意跟你说了，那么我的建议就是家长要改变。家长要采用少说多听的方式与孩子交流。家长跟孩子的沟通不仅仅是通过说话实现的。有的时候沟通只需要一个拥抱、一个抚摸或者一个眼神。家长也不要主动聊孩子的学习。如果孩子不提,家长就不要一进门就问成绩。很多家长都是被一个"地下组织"训练出来的,在孩子回家后有几个统一的接头"暗号"。这些"暗号"是大家都知道的:"作业写完了吗?""考得怎么样?"不知道哪个"地下组织"把家长培养成这样的。所以家长以后一定要改变,因为到了青春期,孩子的重心不再全是学业成绩,他还会注重自我形象,"我是谁"和"我要成为什么样的人"这两个问题每天都在他脑子里碰撞。他关心的是他在班里的"江湖地位",关心的是"隔壁班的一个女生今天看了我两眼是什么意思"。所以家长不要只把孩子的学习当成你们家的重心,要改变,在饭桌上决不谈学习的事,但如果孩子考了好成绩,他主动提起,那是另外一回事。所以我就提这样三个建议:第一,家长要多把耳朵张开,把嘴闭上,用各种各样的方式去肯定和接纳孩子,比如给孩子一个肯定的眼神或拥抱等。第二,家长不要主动跟孩子聊学习的事儿,因为聊着聊着就"鸡飞狗跳"了。第三,在饭桌上家长决不要和孩子聊学习。孩子到了青春期,学业忙,跟家长在一起的时间非常少,可能就是晚餐的 20 分钟。家长应该利用这个宝贵的时间进行价值观渗透和亲情关系联结。每天的这 20 分钟非常宝贵。全家人在一起应该把工作和学习的疲劳都赶走,把不愉快的事情都抛开,开开心心地吃饭,聊一些温馨的、能增进感情的话题。

 牟映雪

我的孩子曾经有一次因为学业成绩离家出走。那是在她初一的时候。5月份月考成绩出来那天我去接她,跟所有的家长一样,在校门口等着。她出来的时候,背着书包一个人在前面走得特别快,我就在后面跟。在一个路口的时候我跟丢了。她在黄灯的时候冲过去了,我却没有过去。一转眼她就不见了。于是我就通过手机跟她联系,但她一直不回答我。我就在附近的电信营业厅里坐下来,而且我手机马上就没电了。现在想起来,我的情绪都不能平静下来。我想有一些家长肯定和我有一样的感受。我当时不是气死了,而是急死了。从某种程度来讲,我觉得那个时候我的第一反应是我的孩子千万别出事儿,因为我看见她的脸色不对。当时看见她从学校出来时我并没有像有些家长那样一走到她面前就问她考得怎么样,但是巧的是,我接她的时候刚好碰到她们老师。老师对我说了一句:"晶晶这次考得不咋样。"她听后就跑了。跟丢了以后,我就想,我去找她也找不到了,因为如果她不愿意让我找到,我就永远都找不到她。所以我就通过QQ给她发了一条短信:"宝贝,不管你现在在哪儿,一定要找一个地方安静地坐下来,把手机的音乐打开听一些愉快的音乐。一定要注意安全。如果你需要妈妈的时候,请你通过QQ、微信或者短信跟妈妈联系。妈妈在电信营业厅里坐着等你的回复。"之后,我就没有再去打扰她。我想了一个办法。

在我的研究生中有几个我女儿喜欢的女生。我就让她们帮我联系女儿。我告诉她们:"你们不要说我在找她,就问问她这会在哪,和她聊一些其他的东西,看她回不回。"后来有学生跟我说:"我们联系了半个小时,她都不怎么回。我们问她现在放假了,晚上要不要一起去看看电影。我们就想看她关不关注,看她处在什么样的状态。"我还想到了她的同学。因为她毕竟处在青春期,她的重要他人发生了转变,她的同伴和同龄人更容易和她形成友好的关系,于是我又通过她的同学想办法联系她。我说:"我今天怎么没看到晶晶?你看到晶晶没有?"她的同学跟我聊了一会,我就大致知道情况了。过了一个小时以后,我又给她发了一条短信:"妈妈依然在原地等着你。宝贝,天快黑了。如果你觉得现在心里舒服了,请你给妈妈或者给爸爸发条短信。我们可以过去接你。"一直到晚上 7 点半,天都黑了,她就在一个工厂旁坐了下来。她后来是这么和我说的:"妈妈,我走着走着,有一支丧葬队伍走过来了,于是我就跟着他们走到了殡仪馆前。之后我就在旁边一个地方停下来。我就觉得我头脑里面一片空白,只想坐下来一个人静静,哪儿都不想去,也不想见人。后来看到你的 QQ 留言以后,我就开始听音乐。到了晚上我觉得有点害怕,就想回家了!"

所以我在这想说的有两点。第一,家长要默默地去陪伴。第二,家长一定要熟悉和孩子有着密切联系的其他人。碰到紧急情况的时候,这些人可以成为你和孩子之间的一座桥梁,帮助你和孩子实现有效的沟通。平时家长也要让孩子感受到：爸爸妈妈是爱他的；不管什么时候他都是爸爸妈妈最心爱的孩子，都是爸爸妈妈愿意去保护的孩子。

青春期孩子需要减负，才能展翅高飞

对于青春期孩子来说，他们的思维已经趋于成熟，也懂得了学习的重要性。即使家长不给他们施压，他们也会自我施压。这时，如果家长只是一味地批评或催促他们学习，就会引起他们的反感，使他们消极地对待学习。

 朱文学

到了中学，孩子的负担确实非常重。这些负担来自多方面。首先是自身学业的要求。随着年级的增高，本身的学业负担、学的知识就增加了。我觉得这方面的负担具有双重性质：既是负担，也是人生所需。这一时期是大量储备知识、探究未来、探究世界的最美好的时期，所以我觉得孩子应该珍惜。但是从孩子的角度来讲，首先孩子要应对学业的负担，有时候压力还是很大的。其次，孩子要应对来自社会的压力，特别是家长的要求。家长对孩子要求过高，就会给孩子带来很大的压力。再次，孩子要应对学业之外的其他因素。青春期孩子在社会化、成人化的过程当中会有一些知识、能力、情感方面的矛盾，但他没有时间去应对，没有能力去应对，所以他就会烦恼。我觉得每个孩子的身心基础、特点和能力是不一样的。比如,有的人跑 800 米或 1000 米很轻松,但有的人就很累。同样地,有的孩子能坚持学习到晚上十一二点,但有的孩子就不行,他九点多就想睡觉了。所以孩子本身的生理能力就不同。

从孩子的角度来讲,我们要呼吁给孩子多元化发展、个性化发展的空间,改进考试制度和评价制度,发展孩子的多元智能,等等。从家庭的角度来讲,我觉得家长要理解孩子。我刚刚一直在想家庭是什么。家庭就是一个港湾,所以家长要静悄悄地、耐心地、很愉快地期待你的孩子回家。你不要多讲话,就很愉快地期待一家人团聚。你每天给孩子营造的都是轻松的氛围,让孩子看到的都是愉快的面部表情,我觉得对孩子来说就是最好的减负方法。另外,我觉得家长在言语和认识方面对孩子的期待要实事求是,不要把自己的孩子跟其他的孩子比,也不要把孩子的现在跟他的过去比。他初中时可能学得特别好,但到了高中他就不适应了。初中时他可以考 90 多分,但到了高中就不一定了,考 80 多分很正常。在高中学的内容跟在初中学的内容不一样,这次考试跟下次考试也不一样。所以家长一定要灵活,对孩子有多种期待,要辩证地去看孩子的表现。

家长在处理跟孩子之间的关系时要借助第三者。我这里讲的第三者就是学校。所以我一直期待家长主动跟老师联系,了解学校的要求,了解孩子在学校的学习情况,了解孩子在班级里的真实情况。我觉得这样对家长和孩子都是有好处的。

 牟映雪

我觉得刚才朱校长说得特别好。我的孩子现在读高三,她也有不少心理负担。星期五的晚上她回来时满面笑容。星期天中午要回学校的时候我送她去。她说:"妈妈我可不可以在车里面再坐一会儿?"我说:"可以。"她说:"你为什么每次都很早就把我送到学校?"我们家离学校不算太远,按照常理来讲,我开半个小时就可以到,但是中间有高速路,又有重庆西站等,一旦遇上堵车,可能开三个小时都到不了,所以我每次很早就送她去学校了。一般来讲,她会比其他同学提前一个半小时到。而在这一个半小时里,她就会有焦虑感。她说:"我好累,如果可以不上学该有多好!"其实她不是一个"学渣"。她这样讲的时候,一般我就笑一笑,说:"好的。你在车里面坐一坐。你看,我可以放点什么音乐呢?你自己手头有手机,要不你打打游戏吧。找一个激烈点的游戏打一打,然后缓解一下。"我想说的意思就是孩子都有心理负担,我们可以想办法让他适当地缓解一下。

她最近还喜欢跟我谈关于考大学的话题。她说:"妈妈,我发现最近同学们都在说考什么样的大学。我能考什么样的大学呢?我好像考重庆大学还是有可能的。如果要考北京大学或者清华大学,那么我觉得实在是太难了。"我说:"为什么?"她说:"你看,我的成绩目前谈不上多靠前。我也不是不想努力，只是我觉得我努力也考不上这两所学校。"这其实就反映了她的一个矛盾的心态。她还说她没什么兴趣爱好。她想了想说："我要么将来学哲学。我觉得我学哲学还可以。要么我将来学心理学。你觉得怎么样？"我说："这两个专业只要你喜欢，都可以。你为什么想学心理学呢？"她说："我学了心理学，将来就可以当心理咨询师。我觉得现在很多人都有心理问题，我也想进行自我调适。"我说："这个问题妈妈还要思考一下。我们到时候再协商。现在你不要想太多，你只要把每天该做的事做好就行了。你现在只需要有一个想法，那就是你要读大学。至于读什么样的大学，等到明年高考分数出来以后，我们再讨论。"我当时不想她过早地把这些问题放在眼前来思考。我想给她减负，让她活在当下。

进入高中以后，孩子一定会有一个职业生涯的规划。朱校长刚才那句话说得特别好，多元化发展。我觉得孩子可以在学校做职业性向测试，了解自己的兴趣爱好，以及目前的能力和潜力。通过职业性向测试，孩子对自己的认识也会更清晰一些。

 杨咏梅

家长在孩子整个成长的过程中有几句话其实说得挺蠢的，但是又总会无意地说出。比如孩子有一个言行不合家长的意，家长就会这么说："你这孩子怎么这样呀？"孩子的大脑控制情绪的那一部分叫前额叶，要到25岁左右才发育成熟。也就是说在此之前，孩子会有很多我们俗称"不过脑子"的言行。这是正常的。你问这句话的时候，孩子的大脑中也会升起一个问号："我怎么知道我会这样呢？"家长无意说出的还有一句话是："你怎么就不跟学得比你好的人比呢？"孩子拿回成绩单以后，都会有一句自我保护的话："我后面还有好几个呢。"其实我也犯过这个错误。后来我学习了一些脑科学和心理学的知识后，才知道我这句话错在哪。其实孩子比你还想成为卓越的"我"，孩子比你还想变得更优秀，他只是力所不能及，他只是做不到。他不需要你再责备他了，不需要你再给他定论了，他只需要你的支持和鼓励。跟青春期的孩子说上面那两句话是很有杀伤力的。

　　青春期是一个负重的时期。孩子读书是很累的，学习压力非常大。家长心里明白就行了，我不建议家长口头上还经常说。比如，孩子回到家就说"累死了"，而你马上就把他的书包接过来说："哎呀，儿子累死了，要不要喝水？"这样就会让他产生一种想法："我读书很不容易，所以你不要惹我。我随时会发飙的。让我做家务，你想都不要想。我读书已经够累了。"当然，这是我个人的理念。

　　女儿上了高中以后，我常跟她说："将来你读什么学校，在我看来都一样。无论你上清华或北大，还是上我们家附近的一个什么职业学校，在妈妈心目当中你的地位都没有打折。如果你考上了清华或北大，你就去过你的人生。如果你将来要出国，我就忍痛做空巢老人。如果你就上家附近的职业学校,那么我也很开心,因为你每天都可以回家吃饭。"我是真的从内心深处觉得我不用为孩子的未来负责,因为当初也没有人为我规划,告诉我一定要如何做。我当初就喜欢当老师,跟我的老师说我想当老师。我的老师就说:"你要当老师,那就考北师大呀。"所以我就听老师的话,去读了北师大。我觉得我的条件没有我女儿的条件好,我今天的成绩还可以,所以她将来应该不会太差。因此,我从来不强调她学习好累,相反地,我一直在弱化她的这种感觉。

在这里我想再举一个小小的例子。我有一个很要好的邻居。她的女儿自从上了高中,我就不太见她下楼散步了。我们都要遛狗,本来经常可以碰得到的。这孩子从高一就绷紧了弦,进入了高考备战状态,所以我就很少见到她了。那天我下班晚了点,回来时就看到她跟她妈妈在散步。她妈妈见到我,急忙说:"杨老师,我们终于碰到你了。你快来给她做心理辅导吧。她要崩溃了。明天她就要参加高考了,所以这会非常焦虑。"我说:"怎么啦?"女孩说:"我怕考不好。"我想她妈妈及其他家人可能已经把该说的话全说完了。大家想想我应该怎么给这个孩子减压。我知道这个孩子的性格比较软弱,也容易焦虑。当时小区里有几个快递员在送快递,还有几个清洁工在扫地。我突然有了灵感,就对她说:"欣然,你跟这些快递员相比,跟清洁工相比,你除了会考试,你还会啥?你12年来就只会这一件事。所以你想把这事考砸了也不容易。你能上北大或清华吗?上不了,对吧?反正你也不上北大或清华,你就正常考。如果你觉得你会考得很差,那么你也是个'奇葩',因为你12年来就只习得了这点本事。"我觉得我这样说反倒让她把心理上的压力释放了。然后我又问她:"卷子发下来后,有些题你不会做,你第一个想法是什么?"她就哭了,说:"别人都会做。"我说:"那你就上当了。阿姨是老师。老师出题就是要出有一点难度的题。其实有的题谁都做不出来,但是这道题能选拔出一些优秀学生。什么是优秀学生,就是心理素质好的学生。那道题其实你们谁都不会做,但是有极少数学生就会认为:'我不会做,别人也不会做。'这些学生就会脱颖而出。但你这种学生就会被淘汰,因为你上了老师的当了。老师就是要淘汰你这样心理脆弱的人。"于是她就不哭了,开始思考我说的话。其实当时我不知道我这几句胡说八道的话有没有作用。过了一段时间分数出来后,她妈妈欣喜若狂地给我发了一长段微信信息,说:"我女儿几次模考成绩都在北京市文科1000到1700名,但她这次高考成绩是北京市360多名。那天晚上回来,我们家欣然就像'学霸'附身了,立刻就对自己充满信心。"我分享这个案例就是想告诉各位家长,不要高估孩子的能力,也不要低估孩子的能力,因为他在精力最旺盛的时候是可以逼出一些能量的。如果你口头上总是对孩子说"好累啊",那么他比你软得更快。你一定要让他意识到,作为同龄人,他有机会参加高考是他的幸运。我们家整个的基调就是"享受高考",所以我女儿在高中阶段每天不间断的事情就是搞卫生。我心里明白,高考是挺重要的,但是我一直口头上跟她说:"高考不就是 12 年中的最后一次大考试吗?你都考了 12 年,除了考试还会干吗?"我的目的就是淡化她对高考的紧张意识。但是当孩子遇到了挫折,遇到了一些情境的时候,家长还是要鼓励他。

第三章

父母：孩子人生中的第一任老师

  父母是孩子的第一任且永不卸任的老师，是家庭教育中独一无二的最佳资源。父母的养育态度、教养方法等深刻地影响着孩子的成长。美国心理学家威廉·詹姆斯说："播下一个行动，收获一个习惯；播下一种习惯，收获一种性格；播下一种性格，收获一种命运。"父母要主动地承担起养育的责任，不断学习家庭教育知识，以身示范，为孩子树立学习的榜样。

父母要承担养育孩子的职责

生育孩子是父母的选择,养育孩子则是父母应尽的、最重要的职责。养育孩子不仅要保证孩子的身体健康,还要注重培养孩子的健康人格。而要培养孩子的健康人格,父母首先要注重和孩子建立亲密的亲子关系,并做到有效地陪伴。

 韩郁香

我始终认为,作为父母,我们的职责,或者我们在家庭当中最主要的工作就是正确养育和积极养育,不但要养,而且要育。

"养育"这个词我觉得很重要,因为我们也在做积极养育的课题。实际上在家庭当中,我们可能养得比较多,育得比较少,因为我们都很忙,没有时间。可是养育是一件很重要的事,必须又养又育。那么很多家长会说:"我做了呀。我就是这样做的。"我想问一下家长,你现在天天都在养育你的孩子,那么你到底要把他养育成一个怎样的孩子，你清楚吗？比如他 25 岁站在你面前的时候，你希望他是一个怎样的孩子？如果你不清楚，那么你在养育他时要么是摸着石头过河，要么是走一步算一步，要么就是把他和邻家的孩子对比，对比着养。

正确养育和积极养育是基于父母清楚要把孩子养育成一个怎样的孩子。我在家长会上分享过一段很朴素的话："如果我的孩子是一棵'小树苗'，我可能有机会把他培养成一棵'参天大树'。但是如果我的孩子就是一朵'花蕾'，那我要做的就是精心地栽培，让他开成一朵'花'，因为他是不可能长成'参天大树'的。"所以我觉得每一个父母都要清楚，多年之后，站在你面前的那个大姑娘或小伙子，你希望她或他是一个什么样的人。如果这一点明确了，那么父母通过正确的、积极的养育，是可以达到目的的。但是如果父母连这一点都不知道，脑子里只有"我希望孩子成绩好"，看到邻家的孩子钢琴弹得好的时候，就想要孩子学钢琴，或者看到别家孩子很温顺的时候，就希望自己的孩子也很温顺，那么最后养育出来的孩子就不会像自己所希望的那样。而孩子的成长是不可重复的，不可重来的。

 侯公林

父母对孩子是有监护权的。这个监护权就是父母对孩子的照顾和教育。我前段时间到农村去做家庭教育调研的时候，发现一个很大的问题，那就是大量的留守儿童是跟祖辈生活在一起的。这些儿童中很多有情感方面的障碍问题，为什么？因为他们跟祖辈之间的情感和跟父母的情感是不一样的。如果这个时候父母缺位，那么孩子的情感是不完整的。作为父母，如果不承担对孩子的教养责任的话，和孩子的关系是会疏远的。爷爷奶奶和外公外婆在教孩子的时候基本上是溺爱的，他们不可能替代孩子的父母来承担那种教育的责任。所以，父母是不能缺位的。如果父母把孩子交给祖辈来照顾，那么对孩子来说，他都是跟祖辈进行情感交流，有一天他在心里找爸爸妈妈的时候，就会找不到，而父母也找不到跟孩子在一起的那种很美好的时光；孩子能想到的只有"碎片"，就是爸爸来了、妈妈来了。这样就会产生一个很大的问题：孩子跟父母不亲。

孩子去上学，父母常常会说："你的成绩一定要好。"孩子就会想："成绩好是什么呢？可能就是让爸爸妈妈高兴。"他可能会认为：他的成绩好，爸爸妈妈就高兴；他的成绩不好，爸爸妈妈就不高兴。那么如果他实在读不好，他可能就选择不读了，因为他认为爸爸妈妈是不会喜欢他的，爸爸妈妈只喜欢成绩好的孩子。

刚才韩校长在说积极的教育。我认为父母在给孩子制定目标时，如果孩子能说出他喜欢做什么，那就太好了。这是很重要的。我有个朋友的孩子在厦门大学只读了一年就退学了。他说他读不下去，要改学美术。孩子认为他要去学美术，这一点很重要，因为这关系到他今后想成为什么样的人。如果孩子说他想当医生，父母就可以说："好啊,你以后可以报考医科大学,将来做一名仁医。"如果孩子说他要当一名海军,父母就可以说:"当海军挺好啊,你可以朝着这个目标奋发图强。"让孩子有一个目标,这是很重要的,这就是积极的教育。孩子有了目标,就能知道他读书是为了什么,而不只是为了让爸爸妈妈高兴。

这里还涉及一个很重要的问题。有些家长经常会跟孩子说:"你看××哥哥多好,他考上重点高中了。你看××姐姐,她考上很好的大学了。"在父母这样说的时候,孩子的理解是不一样的。父母是希望孩子向优秀的哥哥姐姐学习,孩子则会这样想:"你喜欢他,不喜欢我。"所以有时候我们想读懂孩子,真的就需要用他的思维去思考。

 刘翠平

父母如何实现自己的功能?我觉得最重要的一点就是有效地陪伴。为什么这么说?以我的孩子为例,我的女儿上幼儿园的时候都是由爷爷奶奶送她去学校的,而她上一年级的时候都是由我送她去学校的。我的女儿把我早晨送她上学的这一段时间称为快乐的亲子时光,因为早晨在送她上学的路上我会跟她聊很多关于学校的事情、关于我单位的事情。我们就这样不知不觉地拉近了彼此之间的距离。

关于有效的陪伴,我最近感受比较深。大家都说:"你能陪伴孩子的时间只有这么短。她长大了以后你也没办法陪伴她了。她现在还会跑过来抱抱你,说'妈妈我爱你'，长大了以后，真的就不会说这些话了。所以你要珍惜陪伴她的这些时光。"我在家里陪女儿写作业的时候都会说："你来决定你先做什么，做完了以后我们再干什么。"有的时候她不想读英语课文。我就说："那你想个办法。"她会说："那妈妈我们来做角色扮演。"我有的时候也不怎么愿意读那些课文，但是她就是非常喜欢说"我们来做角色扮演吧"，扮演完她就非常开心。于是，本来不愿意做的一件事，她就变得愿意做了。

我觉得还有一点也非常重要，就是一定要相信和尊重孩子。孩子的潜力是非常大的。我上周五到班级做了一个"科学妈妈进课堂"讲座。在之前准备 PPT 的时候，女儿就过来一直看我。我说："你想干什么？妈妈很忙，没有空陪你。"她说："妈妈我想指导你一下。我想看看你做的东西。"我想，她能指导我什么呢？我说："那这样，你先写完作业，然后再来看我做的东西。我有两天的准备时间。"第二天我下班到家时，她说："妈妈，我的作业已经写好了。我要指导你。"我说："好吧，那你来看看。"她果然给我提了非常多的有用的建议，而且还问了我很多问题，把我问倒了。我急忙说："不行不行，我的备课还是不充分。明天孩子们这么问我怎么办？"我赶紧把她问的那些问题记下来，然后查文献。所以我们一定要相信孩子。他们真的有很多闪光点，有的时候甚至能指导我们的工作。我们根本就不知道他们的潜力有多大。

 **李建军**

我的孩子在国内上到初二就去美国了,现在是博士后。我们有个约定,每周都用一个固定的时间进行微信视频通话。如果实在没时间进行视频通话,我们就发邮件,通过邮件来相互沟通。我觉得情感联络是非常重要的。从孩子上小学的第一天开始,我每天都是骑自行车送他去上学的。那个时候我没有汽车,但是在自行车上我也可以和他聊一聊。周末我也会骑自行车带他出去转转、爬爬山。那时他不太喜欢学语文,写周记对他来说是一件非常困难的事情,但我不逼他。有一次在园林,他跟着导游,认真听了导游的讲解,回来就跟其他的小朋友分享,说得眉飞色舞。他觉得这样很有意思。我后来找到一个窍门,每个周末都带他去一个园林,然后和他一起跟着导游,听导游讲解。回到家我就跟他说:"导游说了什么呀?你记住了多少呀?要不你把它们写下来吧。这些内容很有意思嘛。"一直到了初中,他的作文里还会出现那些小时候记下来的内容。

所以我觉得,我们要善于陪伴,善于在陪伴中找到一些对孩子可能更有用的东西。

善用祖辈的力量

在中国,隔代教育是一种传统,更是一种特色。祖辈历来都肩负了对孙辈的一些教养责任。现在的父母虽然明白教养孩子是自己最主要的责任,但是由于工作压力大、生活忙碌等原因,仍然不得不请祖辈帮忙。所以善于调动祖辈的力量,发挥祖辈的余热,发扬隔代教育的优势,避免隔代教育的缺点,是父母需要拥有的智慧。

 陶六一

在我小时候,父母亲不在老家工作。我是由外婆带大的。外婆的爱直到现在都一直滋养着我。我幸亏有了这样一个慈祥的外婆。她其实是一个不识字的农村妇女,但是她非常讲道理,具有许多中华民族的传统美德。我的姐姐和我,还有我舅舅家三个孩子、我阿姨家两个孩子,都是她抚养的。外婆的爱,我觉得真的给了我人生中最美好的经历。因为这种爱,因为外婆的抚养,我们兄弟姐妹之间从小就建立了深厚的亲情和友谊。到现在这种关系还是那么融洽,那么好。我小时候就是跟外婆睡的。我们最多五个孩子跟外婆睡在一张床上。虽然床后来因此塌了,但是我们还是非常开心。所有美好的童年回忆,我觉得都是外婆给予我们的。

 沈 洁

我跟陶校长有着很相似的经历,我也是外婆带大的,但是我儿子我坚决要自己带。

我和表弟、表妹三个人都是在外婆家长大的。我的外婆对我们的要求很严格,对女孩子的要求更是特别严格。而且她可能真的有重男轻女的思想。

外婆对我们严格体现在很多地方。我记得我读小学时,她要我每天放学后就去接表弟和表妹,然后带他们一起回家。那时候吃饭时,脚是不能晃的,否则外婆会用扫帚柄打我。吃饭的时候外婆要求我们用手端住碗,不能将一只手插在口袋里。那时候,我们看到外婆就觉得害怕,因为她给我们定了太多规矩。所以在那个阶段,我每个星期就盼着爸爸妈妈来看望我。

在我四年级的时候,外婆身体不是特别好,父母就把我接回去了。因此,从四年级开始,我才真正开始跟父母生活在一起。我在青春期的时候跟我妈的关系很差。这样的关系一直持续到高中毕业。读大学后,我跟我妈的关系才渐渐有所缓和。其实现在回想起来,那时我之所以那么叛逆,可能是因为缺乏安全感。

所以我儿子就是我自己带的。有时候我妈和我婆婆都很不理解为什么我要自己带孩子。我感觉我自己带的孩子,用我儿子现在的话说,他是没有青春期的,他跟我是不存在叛逆关系的。这种亲子关系特别好。但是我认为,

我们也不能绝对否定祖辈的作用,毕竟在孩子小的时候,特别是在孩子读幼儿园之前那段时间,我们还是需要祖辈帮助的。

 高万祥

刚才沈校长讲了三代人的故事。我将之概括为两点:第一,隔代教育。有点重男轻女的外婆,给她带来了一点的心灵伤害。第二,她现在成功的亲子教育。任何人的爱都不能代替父爱母爱,这点我也坚决主张。外公外婆、爷爷奶奶可以参与教育孩子,但是父母的教育是不可或缺的。孩子必须跟父母生活在一起,否则亲情会受到伤害,孩子的人格会受到影响。当然我们也必须替沈校长的外婆讲一句公道话,外婆培养了她很好的习惯,对不对?祖辈养育我觉得也是很重要的,因为一般来说,祖辈的人生阅历比较丰富一些,他们比较注重孩子的习惯养成。

 乐善耀

我来自上海,退休前在上海教育科学研究院专门从事家庭教育。13年前我退休了。那时,我从一个孩子的爸爸升格为我小外孙的外公。也就是说我当外公已经整整13年了。我生活在三代同堂的一个大家庭里面,很幸福。今天我们讨论的祖辈教育这个话题,真的是我最感兴趣的一个话题。虽然我过去研究过家庭教育,但从来没有研究过祖辈教育。在实践当中,我开始研究。我也许是一个成功的爸爸，但未必是一个成功的外公。通过对自己的研究，我发现三代同堂有两个特点和三个矛盾。

两个特点是什么呢？

我生活在这样一个大家庭里面。这个大家庭就好像是一个舞台。我们每个人都在表演，都在演一个连续剧，而这个连续剧的主题就是"幸福生活万年长"。当年我做爸爸的时候我是主角，但现在我绝对不可能成为主角，我只能当配角。所以我做外公的第一个体会就是，要正确定位，当好配角。如果我把自己的角色搞错了，那么这个电视剧就要乱套了。所以如果哪个祖辈当了主角的话，那么他就错了，为什么？孩子的教育权应是属于父母的。我认为这是第一个特点。

无论是核心家庭，还是三代同堂的大家庭，每个家庭都是一所学堂。学堂虽然没有挂牌，但是学堂里通常有 6 名教师，其中 4 名是老教师，2 名是年轻教师。这 6 名教师要共同教育 1~2 名学生。怎样把这 1~2 名学生教育好呢？我认为老教师和年轻教师要相互学习，形成合力。如果祖辈没有这样一种教育的意识，没有这个角色意识的话，就肯定是不称职的祖辈。所以，要办好这所学堂，祖辈很重要，年轻的爸爸妈妈更重要。这个学堂是以年轻的爸爸妈妈为主的。我认为这是第二个特点。

三代同堂的大家庭会面临三个矛盾。

第一个矛盾就是老与新的矛盾。为什么？祖辈的年纪都较大，思想观念相对都比较陈旧，特别是教育观、儿童观、人才观，但是祖辈最大的特点就是喜欢用过去的经验来教育孙辈。我就碰到很多老年朋友，他们总说："你看我把我的儿子教育得多么优秀。教育孙子对我来说是小菜一碟，没什么了不起。"其实过去的经验已经是一张过期的船票了。祖辈必须要与时俱进，不断"充电"，不断学习，不断更新自己的观念。只有这样，祖辈才能适应时代发展的步伐。

第二个矛盾就是爱与被爱的矛盾。老人的特点就是"隔代亲"，对第三代的爱远远超过对自己儿女的爱。我认为这是正常的。但是祖辈应该怎样爱呢？答案就是适度地爱。我认为如果祖辈没有底线地爱，没有原则地爱，在孙辈面前不愿意说不，不愿意拒绝，那么孙辈有可能毁在祖辈的手里。

第三个矛盾是梦想和现实的矛盾。梦在远方，路在脚下。虽然祖辈有祖辈的梦想，父母有父母的梦想，但是这些梦想都不能代表孩子的梦想。要让孩子的梦想变为现实，我想我们必须要从现在做起，从点点滴滴做起，从培养孩子的良好习惯做起。只有这样，我们的教育才能取得比较好的效果。

那么，祖辈教育到底是利大于弊，还是弊大于利呢？这个问题的答案，我认为是各占一半。如果把祖辈教育的力发挥到极致，把父母教育的力也发挥到极致，那么1＋1肯定大于2。反过来，在教育观、儿童观、人才观上，如果祖辈和父母经常发生碰撞，那么这个家庭肯定会发生摩擦。所以我经常对我的外孙说："现在你13岁，我也13岁。我们一起成长。"怎样当祖辈，我还需要好好学习，一方面向我的儿女学习，另一方面要向我的第三代学习。

 乐善耀

坐在下面的既有孩子的爸爸妈妈，也有孩子的爷爷奶奶、外公外婆。我想对大家说两句话。

第一句话，我想对年轻的爸爸妈妈说，就是，作为孩子的父母，你们不要放弃做孩子父母的责任。父母也需要成长。教育孩子的过程，也是父母自我成长的过程。如果你们要成为称职的有利于孩子健康成长的合格的父母的话，你们就不能放弃这种责任。如果你们因为工作很忙、压力很大，而把这样的责任推给祖辈，自己撒手不管，将来就一定会后悔无穷。那时，即使你花成倍的代价也没有办法弥补。所以，父母真的要在实践当中去感悟，去总结，去自我提高，去自我改变，和孩子一起成长。

第二句话，我想对祖辈说，就是，爷爷奶奶、外公外婆，你们一定要做开心的、开明的阳光老人。或许你们在年轻的时候没有经济条件、没有时间、没有精力去爱你们的儿女，而现在你们退休了，也有一定的经济条件、有时间、有精力去爱第三代了，但是你们的爱不能越过底线。为什么？爱是有一定的度的。孙辈在接受你们的爱的时候，也要接受父母的爱。他不是被动地接受爱，他不仅要接受爱，也要懂得如何感恩父母、祖辈对他的爱。在爱的过程当中，你们要让他建立做人的基本规则。如果没有这个规则的话，那么将来这个孩子也许会因为你们的爱而走向失败,不能成为一个独立的人,一个对社会有用的人。祖辈在家庭中的角色应该是多元的。你们不仅仅是孙辈生活的保姆,更重要的是孙辈的老师。你们要用自己的行为无声地教育孙辈。

另外,我有一个观点:祖辈教育是有保质期的。我并不期望祖辈将孙辈从幼儿园带到小学,从小学带到初中,再从初中带到高中。一方面,祖辈的体力是有限的;另一方面,祖辈应该有自己独立的空间,应该好好享受自己晚年的生活。在孙辈读幼儿园时适当地帮助儿女照顾孙辈是应该的。但是等孙辈上了小学,祖辈就应该"急流勇退",要把教育的权力交给儿女。教育的第一责任人是父母,祖辈是无法替代的。所以我想告诉各位父母,你们应该把教育孩子这个担子挑起来。你们赚得再多有什么用?如果孩子没教育好,你用再多的钱也不可能把你孩子的前途买回来。

 沈 洁

我也想送给大家两句话。

第一句,想让孩子成为什么样的人,那么作为长辈,你们就先要成为什么样的人。比如,父母很期待孩子善良、上进、爱阅读,那么你们自己就要以身作则。其实孩子的眼睛是雪亮的。他无论在家里,还是在学校里,都会细致地去观察每一个人。在家里会观察爷爷奶奶、外公外婆,会观察爸爸妈妈,在学校里会观察他的老师。所以长辈的一言一行孩子都看在眼里。长辈所做的一些事情、所说的一些话，其实孩子都会深深地记在心里。

第二句，家庭里一个很好的生态就是爸爸做爸爸的事情，妈妈做妈妈的事情，祖辈做祖辈的事情，孩子做孩子的事情，也就是家庭成员各司其职。这就是一个最好的平衡状态。

与孩子一起成长

孩子在每一个成长阶段都有不同的特点。父母只有不断学习相关的家庭教育知识，才能尊重孩子的个性，跟上孩子成长的步伐，给孩子提供正确的家庭教育指导，为孩子指明正确的发展方向。

 侯公林

一直以来，很多家长都认为："孩子是我的附属品，是我亲生的，我有他的监护权，所以我就要管教他。"其实这些家长对孩子在这个家庭当中真正的意义可能不太清楚。孩子是一个人，并不是一个物品。他在整个发展过程中，有他的情感，也有他对世界的认知。但是，很多时候家长和孩子的认知并不一样，所以家长就需要懂孩子，要站在他的角度去思考问题。

家庭成员之间究竟是一个什么样的关系？我们跟孩子的关系是什么？我看到过一个介绍：家庭是一张弓，家长一直在打磨一支箭,而那支箭就是孩子。家长把箭打磨好,然后把它射出去。当家长把箭射出去的时候,箭是不会回头的。那么家长做这支箭一共需要多少时间?18年。也就是说这个孩子只有18年是属于你的。等到18年以后,他会去读大学,会有自己的生活,会有自己的爱人,会慢慢地构建自己的家庭。所以在家庭当中家长跟孩子是什么样的关系,这是我一直在思考的问题。我觉得,首先,我们要知道家庭关系,人与人之间的关系。其次,我们要知道孩子是一个有思想的人。再次,我们要了解孩子的思想,这点非常重要。

 韩郁香

我平时跟老师、家长及孩子接触得比较多。很多家长都觉得自己很懂孩子,但事实上他们真的没有真正地去了解孩子,并不是真正地懂孩子。现在很多孩子的问题其实就源于家长不懂孩子。

所以家长如何站在孩子的角度去审视孩子这个话题,我觉得很重要。家长只有懂孩子,才能知道如何去爱孩子,才能把这种爱传递到孩子的内心深处,让孩子感觉到"我的爸爸妈妈是爱我的"。

另外,对孩子来说,家庭不只是意味着有一套房子,有供自己衣食住行的父母。其实在现实生活中,很多家长只注重孩子的成长,不太重视自己的成长。在一个真正的好家庭中,家庭成员都会全力以赴,家长会和孩子共同成长、共同进步。

 李建军

作为心理咨询工作者,我看到的孩子,大多是家长认为有问题的孩子。因为在国内,大多数家长带孩子来做心理咨询,是因为他们认为孩子有问题,而且问题还很大。事实上,刚才韩校长也说到,一个孩子的背后就是一个家庭,而家庭成员之间的关系会影响这个家庭的质量。家庭成员关系好,家庭运行就很正常,家庭生活就会很幸福、快乐。反之,家庭成员之间的关系出问题了,孩子就会受到影响,产生很多问题。所以当父母带着所谓的问题孩子来到咨询室时,我们常常会把这个家庭的关系纳入咨询问题中。这时家长就会发现,原来孩子的很多不良行为都是由家庭关系问题导致的。

站在孩子的角度才能读懂孩子

教育孩子时,父母不能总是以成人的眼光看待孩子的问题,更不能以成人的标准来要求孩子。父母只有学会换位思考,从孩子的角度出发,体会孩子的感受,读懂孩子的心理,理解孩子的行为,才能跟孩子进行有效的沟通,帮助孩子健康成长。

侯公林

我是学发展心理学的,我知道孩子在成长过程中整个心理发展的状况。但具体到事件的话,我就没办法懂孩子了。我原来也没有专门研究家庭教育。2003年,有一个朋友对我说:"你看,我马上要分管家庭教育了,你帮我做一件事情吧,你去研究一下家庭教育究竟要教什么,怎么教。"然后我就开始转变研究方向,花了很大的力气去研究这个问题。后来我发现,在家庭教育这个过程当中有很多内容应该是由我教的,我却推给学校了。很多我认为应该是学校负责的事情,实际上却是家长应该负责的。

所以现在,当我的孩子跟我说他要去住校的时候,我一般都反对。学校教育是一个标准化、模式化的教育。它有一个标准就是60分及格。而个性化教育强调孩子将来成为什么样的人是由家长决定的,而不是由学校决定的。我觉得我不能把所有的事情都推给学校,因为学校不能承担应该由家长来承担的那部分教育工作。如果我不懂孩子,我就不知道我应该教孩子什么。所以我想,如果我们要读懂孩子,就要知道在孩子成长的过程中,我们要给他什么,我们要给他一个什么样的家庭,我们要让他成为什么样的人。而这些都是由家长决定的,不是由老师来决定,更不是由学校来决定。

韩郁香

刚才侯教授其实是要告诉家长，家庭教育和学校教育是有边界的。但家长往往把这个边界模糊化了。这是不可以的，因为学校有学校的任务。当然为什么我们还要做家庭教育？苏州市教育局为什么要着力做家庭教育？实际上我们就是要让家长不但明确自己的职责，而且懂得在家庭当中如何去做，如何去做好。我们发现，很多家长知道在家庭中要做什么，但是在做的过程当中，其实他们关注的只是孩子的行为，并没有关注到孩子行为背后的原因。很多家长感到焦虑："我明明很关注孩子啊，你们叫我陪伴我也陪伴了，我也花时间了呀，但是为什么我的孩子还是那样让我抓狂。"这就是我们要探讨的问题。

 刘翠平

就我个人来说，我的成绩一直是不错的，我读到了博士后。别人常说："你的小孩肯定很爱学习，成绩肯定特别好。"但是我其实不要求他成绩特别好。我希望他是一个有主见、有能力、有爱心、有非常多良好品质的孩子，有一个健全的人格，为他以后独立成长打一个很好的基础。我的内心想法是很好的，但是我在教育的过程中做得并不好。拿他一年级时我陪写作业这件事来说，一开始我的反应是"这么简单的题目，你为什么不会做"，所以我对着孩子又吼又叫。然后孩子就向相反的方向发展："我就是不会做,你能把我怎么样?"每天家里都是鸡飞狗跳的。我自己也在不断反思,我虽然读书读得很好,学历也很高,我带研究生也带得很好,但为什么我的小孩这么小,我就教育不好?

我记得很清楚,如果学校有类似家长沙龙的活动,只要我能抢到名额,就会去参加。我记得有一次,韩校长跟我们说要做不吼不叫、有力量的家长,教我们怎么样用另一种方式跟孩子谈同一件事情。我听后觉得我可以试一试。然后我回家就开始尝试。以前我让女儿做作业都是吼叫的,一点用都没有。现在我只是把她叫过来,跟她商量:"我们要写作业了,今天你想先做哪一门?"我只和她商量,然后让她自己决定。于是她就慢慢能决定一些自己的事情了。当然她现在可能还是会有一些问题存在,但是会自己规划自己的时间了。有时候,有些事她不愿意做了,我就会说:"如果你这件事做不好,你认为应该怎么办呢?"我让她自己想办法来解决这个事情。还有,我试着以平等的心态来对待她。以前在我陪她写作业的时候,她写作业,我就在边上看手机。她就说:"妈妈,为什么我只能写作业,而你能看手机、看电视、吃零食?"后来我听了课以后,有时候就把我自己的作业带回家。我在她的旁边把电脑打开,对她说:"妈妈也是有作业的,不是只有你才有作业。我也要回家做作业。我们来比赛,看谁做得好,谁先做完。"于是,她就安安静静地做她的作业,我也能做一些我自己的事情。我觉得现在她写作业的情绪好了一些。

李建军

我在一位专家的讲座中听过这样一个观点：孩子要绿色发展。所谓绿色发展就是自然成长。在教育的过程中，每个家长都有自己的想法。而且我们常常看到，很多夫妻的想法还不一样。相对来说，如果夫妻俩想法不同，但能够好好地商量，就能形成比较一致的想法。但如果夫妻俩的想法始终不能达成一致，那么，孩子就会无所适从。

 侯公林

每个家长看到孩子逆反，都会觉得这是不可接受的。然后家长都会说："你看我的孩子就是逆反。我让他这样做，他偏不这样做。"孩子有两个反抗期，一个是 3 岁左右，一个是 14 岁左右。第二性征成熟后，他要用自己的方式去解决问题了。但是家长自己并没有成长，总认为："你得按照我们告诉你的方式去解决问题。你不能有挫折，因为我们舍不得。"其实任何一个孩子都是在试错当中不断地成长的。如果家长不让孩子有挫折，就会导致孩子没有办法用自己的方式去解决问题。孩子的有些方式可能是错的，但即使是错的，家长也要让他试一下，这样才能让他成长。所以，家长要正确地认识逆反。家长看到孩子逆反的时候，应该感到高兴而不是感到很痛苦，为什么？因为孩子已经在思考用他的方式去解决问题了，他在成长。

还有另外一个普遍的问题就是，家长经常跟孩子说

"你好好学习",但是只跟他说好好学习是没有用的。就像我回到家,要是有人跟我说"你要好好工作,你要努力工作",那我就会想:"我什么地方没做好,你具体告诉我。"家长跟孩子说"好好学习",孩子会认为家长是在给他压力。

  我刚才听到有专家谈到陪伴的问题。我觉得陪伴是非常重要的,但是很多家长把陪伴作为一种负担。其实家长没有想到,你的陪伴对孩子来说是很美好的一件事情。我小时候是在我外公外婆身边长大的。我做作业时,我外婆就坐在旁边陪着我,有时候织毛衣,有时候做别的事情。所以到今天为止,我想到的非常美好的时光,都是小时候和外婆在一起的那一段令人难忘的时光。家长陪伴孩子的这个过程,其实对孩子今后的成长是非常有益的。他的记忆当中很温馨的部分,很多都来自这种陪伴。如果家长经常在孩子写作业时拍桌子,拍完以后,孩子就会认为做作业是一件很痛苦的事情,而孩子以后想到的跟你一起经历的事情都会是痛苦的事情。这肯定不是家长想给孩子留下的印象。

  我常跟家长说要读懂孩子。很多家长就会问我:"你说我应该表扬他,还是应该批评他?应该怎样批评?"其实从心理学行为主义的角度来说,所有孩子的优秀都是表扬出来的,没有一个优秀的孩子是打出来的。如果孩子在某一方面表现得很好,家长就可以告诉他:"你在这方面很有能力,很强,你可以继续努力。"我在教书的时候当过一届班主任。对于那个班里面最差的同学,我一直跟他说,他在某个方面是最好的,是最优秀的,他是我看到的在这方面最好的,我很喜欢他。后来他考上了重点大学的硕士研究生。

所以家长在学着读懂孩子的时候,首先要知道他在想什么,这是很重要的;然后要从他的角度去思考,而不要从自己的角度去思考。家长要珍惜跟孩子一起度过的这一段美好的时光。孩子18岁以后,家长就很难拥有这样的时光了。就像我,我现在想跟我女儿聊天,她也不愿意跟我聊。

 张　翔

侯教授刚才谈到的内容很丰富,在这个前提之下,我把刚才侯教授说的一些内容再说得深入一点。

第一,侯教授说到了心理学中的一个重要的学说,也是一个基本的学习理论,叫作失误说。所有的有效的学习,一定是建立在尝试和发生错误的基础之上的。这就意味着家长不要想象着让孩子去做那些一次性就正确的容易的事。那些一次性就正确的容易的事也绝对是容易忘记的事。孩子玩手机、玩电脑,为什么在很短的时间内就能够玩得比较好,因为他已经发生了大量你不敢发生的错误,他一直在不断地试错,错了就重来。所以尝试与犯错误是学习取得进步的前提。家长要允许孩子犯错误。

第二,侯教授讲了一段很有画面感的关于陪伴的内容。那种陪伴的画面感,你在童年时期可能有,你的孩子最好也有。

第三，侯教授还讲到了一个行为主义所奠定的基础，就是你的孩子的优秀是表扬出来的。但每个家庭都有各自的教育方法。有些家长会惩罚孩子，甚至打骂孩子。可是打骂能告诉孩子什么呢？它能告诉孩子的只是让孩子意识到"这是不对的"。可是什么是对的呢，什么是好的呢，什么是舒服的呢，什么是有成效的呢？这些问题的答案打骂都无法告诉孩子。家长一定要在自己的家里去寻找各种方法，去实现表扬，实现鼓励，让孩子知道什么是对的，什么是有成效的。

 韩郁香

晚上六七点，孩子写作业时，一些家庭呈现出"母慈子孝"的画面，但一些家庭则鸡飞狗跳。造成后面一种情况的原因是什么？就是那些家长不了解孩子，不知道怎样做。叛逆期其实不光出现在3岁左右和14岁左右。孩子不听话，挑战家长的权威，和家长对着干，或者退缩，对家长不理不睬，其实也是叛逆的表现。但是我要告诉家长的是，孩子的叛逆不全是孩子的错，也是家长的错，因为家长在关注孩子和陪伴孩子的过程当中，真的没有做到高质量的陪伴。如果家长充当了一个警察，充当了一个领导，对孩子发号施令，"你要怎么样，你不能怎么样"，就只会让孩子更加反感，更加抵触。然后一些个性比较强的孩子就干脆和家长对着干，一些懦弱的孩子干脆就对家长不理不睬，于是拖延作业的问题、做作业磨蹭的问题就"应运而生"，鸡飞狗跳就在所难免。家长要改变这种状况，就必须改变自己的养育方式，不要只关注孩子外在的行为，而忽略了孩子内在的需要。孩子做作业拖拉、磨蹭可能有很多原因，比如他需要你的关注，他要让你看见他等，也可能是因为别的原因，比如他身体不舒服，他上学回来已经很疲倦，他想休息。这些家长都看不到，家长看到的只是他没有按时做作业。有些家长跟孩子规定的程序都是"你必须先做数学，再做语文，再做英语……"。孩子在这个家庭当中没有选择，没有自由，没有自己做决定的机会，就会产生各种问题。因此，家长要关注孩子的内在需要，然后尽力满足孩子合理的需要。当家长满足了孩子的需要之后，孩子会非常听话的。其实，我们爱孩子远远不如孩子爱我们。

将问题变为技能，学会正向表达观点

面对孩子的缺点和错误，很多父母都会直接指出缺点和错误何在，从而希望孩子立即改正。殊不知，这样的做法加剧了孩子的逆反与抵触心理，不利于孩子行为的改善。而父母利用以表扬、激励、奖励等为主的手段，向孩子传递正向信息，使孩子产生高兴、愉悦的正向情绪，就有利于帮助孩子改正不良行为，更有利于培养孩子的自信。

李红燕

儿童技能教养法的核心是说，孩子的问题是一个征兆，意味着孩子有一个没有学会的技能，而一旦他学会了这个技能，问题就没有了。比如孩子跟别人打架，说明他可能不会处理情绪，而如果他掌握了处理情绪的技能，可能他就不会打架了。再比如，特别小的孩子很想和别人玩，但不知道如何表达，他就可能以打架的方式来表达这种意愿。如果老师只是告诉他不能打架，他可能今后就不打架了，但是他并没有学到与人交往的技能，下次还是不知道如何与人玩。所以这时，老师不妨跟他说："你是不是特别希望跟小朋友一起玩，希望他们喜欢你？你下次还想跟他们玩，但他们不跟你玩的时候，你就告诉老师，老师会来帮助你！"这时，孩子就学到了一个技能：有困扰的时候他可以找老师。接下去，老师还可以继续对孩子说："来，试试！你举手，老师就来找你。"只要孩子照着做了，老师就要及时表扬他，这样就会让孩子觉得这个技能是有效的。曾经有个早教系统的老师把这个方法用在他们班里的一个小女孩身上，效果特别好。那个小女孩不怎么讲话，但手快，嘴也快，总是要咬人，班里好几个孩子都被咬了，所以家长都纷纷要求撵走她。当那个老师找到小女孩谈话时，小女孩一声不吭。那个老师不知道小女孩明不明白自己说的话，就轻轻地抱着她，跟她说："你有困扰的时候，可以喊老师。"半个多小时过后，小女孩真的喊那个老师了。那个老师很激动,一下子冲到她面前,说的第一句话就是:"宝贝,你真棒,学得好快。老师给你点赞。"小女孩特别高兴。然后那个老师就跟别的小朋友说:"希希现在要学习一个技能,她想学着跟你们一起玩,不咬人,不打人。你们愿意跟她一起玩、帮助她吗?"小朋友们说:"愿意。"然后小朋友们就开始一起玩了。那个老师说,之后小女孩真的再没有咬过人。

儿童技能教养法认为,表扬是非常重要的。心理学里有个说法,在家庭关系当中,在人与人的关系当中,五个表扬才能抵消一个批评。所以家长一定要多表扬、少批评。表扬是为了强化孩子正向的行为,让他知道这个行为是对的。表扬还有一个作用,就是给孩子赋能,让孩子意识到:"我是做得到的。虽然我现在还不会,但我是可以学会的。"所以有的时候家长还要表扬孩子的努力和孩子的态度。

有一个足球教练,带着一帮小朋友踢足球。七八岁的孩子不会传球,不会合作。教练整天说合作传球,但孩子们每次上了场就只会带球,不会传,每次都踢得一塌糊涂。教练很生气,说:"我知道要表扬,可是怎么表扬呀?你看他们都不会传球。"有一次比赛中间休息的时候,教练拉着小朋友们说:"不错。上半场已经输了。""不错?哪里不错?""Lucy,我看见了,你刚才是不是试着传球的?Mady,我看到你已经把球传出去了。很不错。"经过教练表扬,下半场孩子们就踢得很不错。对他们来说,赢球不太容易,但是教练的表扬还是蛮重要的。

批评其实也有方法。儿童技能教养法不倡导我们直接去指责，因为没有人喜欢批评。比如今天活动结束以后，我们回到家跟伴侣说："亲爱的，我今天听了一堂特别好的课。很多专家讲了很多道理。我现在终于知道你有什么问题了。我要跟你谈谈你的问题。"你的伴侣大概不会说："你真好，老想我的问题。快告诉我，我马上就改。"因为没有人喜欢批评，所以你的伴侣马上就会抗拒。他可能会说："你还是先说说你的问题好吧？"我们平时可以把批评变成表达我们的愿望，就像把问题变成技能一样。比如当我们要跟伴侣说"你老乱扔衣服。你不知道收拾多辛苦吗"时，可以这样说："亲爱的，你知道我有洁癖，我特别希望家里清清爽爽的。我知道你不在乎，但是我特别希望家里干净。下了班回来一看到家里干净，我的心情就很好，我做的饭也好吃。你可以帮帮忙吗？你可以把衣服挂起来吗？你帮我挂衣服，我会很开心的。你帮帮我可以吗？你帮我，我也可以帮你呀。你希望我帮你做什么？"这是跟伴侣的沟通。跟孩子的沟通也是一样的，要说你希望他做什么，而不是他不要做什么。

 卜雪梅

孩子在成长过程中产生的问题其实是一种资源，不应是引起家长特别愤怒或者生气的一个事件。所以孩子出现让家长觉得很抓狂的问题其实是一件好事。我在接触家长的过程中，也深有体会。有些家长带着孩子来时会说：

"他答应要努力读书的,结果这次的成绩比上次的还差。这次考得更差了。他根本就没努力,他根本就不认真。"如果家长总是这么讲,跟孩子的关系就会越来越差,而孩子真的就会像家长讲的那样越来越不好。通常碰到这样的问题的时候,我会跟家长这样说:"孩子的成绩没有提高,或孩子没有达到之前他跟你承诺的成绩,并不说明他没有努力。因为有的时候成绩和孩子的努力是不能完全画等号的。"当我从这个角度去跟家长讲的时候,就会发现家长从来没这么想过。

如果孩子出现很多让家长觉得抓狂、搞不定的问题的时候,教育孩子的一个原则就是,无论孩子出现什么样的问题,无论你是用表扬还是用批评,最重要的一点都是你要让孩子觉得他的能量在增长,而不是他很差。家长对孩子的评价太重要了。家长是孩子成长过程中最重要的人,对年幼的孩子影响更大,所以家长的一言一行都会影响孩子。当家长去帮助孩子,把解决问题的办法教给他时,他就会增强自己的技能。他的技能不光是在解决这个问题时有用,对他整个人生未来的发展也会有帮助。

智慧型父母会认识、会沟通、会倾听

智慧型父母能够正确认识孩子的心理需求,能够利用有效的沟通方式与孩子达成一致意见,并懂得倾听孩子的诉说。

翁亦星

我觉得要做一个智慧型父母,首先就要了解自己的孩子,要了解孩子的需求。说到这一点,很多家长会说:"我比谁都了解自己的孩子。"没错,你和自己的孩子在一起生活,你确实是最了解自己孩子的。可是,你是不是全面了解了呢?要知道,每一个孩子都是一个独立的个体,他在不断地成长,不断地变化。比如,我家大宝很小的时候就是一个喜欢叽叽喳喳地说个不停的孩子,可是他现在已经五年级了,有了自己的想法,一些不太肯定的、不太确定的话他就不太敢说了。对于孩子的这些变化,我们就要仔细地从身边的一点一滴的小事去观察、去了解。

另外,在不同的空间,孩子可能也会有不同的表现。也许有的孩子在家里是这样,可是到了学校又是另外一种样子。我们学校会举行一些经典仪式活动,在设计活动的时候,会给学生创造一个有隆重仪式感的氛围。我们发现,孩子在参加这些活动时的表现和平时的表现是完全不同的,因为他们感受到了平时感受不到的东西。所以不管在时间上还是在空间上,孩子都在不断成长,不断变化。家长平时除了要细心地观察以外,还要多和学校老师沟通交流,这样才能够全面了解自己的孩子。我们学校就给广大家长创设了很多交流的平台,我们的老师会经常用QQ、微信、电话、短信等形式来跟家长们进行交流沟通,有时还会约家长面对面地交流。所以家长可以随时跟我们的老师联系，了解孩子在学校的情况。

家长了解了自己的孩子以后，还要了解孩子的需求。我们说世界上唯一能够影响别人的方法，就是谈论他所需要的，同时告诉他该如何获得。就像今天来到会场的各位家长，大家都是非常想了解家庭教育的，都是有这方面的需求的。我们聚集在这里相互交流，相互探讨，相互启发，这样我们才会有所收获。那么在家庭教育中也是一样的，我们要了解孩子需要些什么。孩子的需要大概有物质上的需要和精神上的需要两种。物质上的需要一般来说是比较容易实现的。对于物质上的需要，很多家长都能满足，比如孩子达到了某一种要求以后，家长就可以奖励他一个小奖品、小礼物。这些奖品、礼物就是物质上的奖励。那孩子精神上的需要是什么呢？我觉得，孩子精神上更需要的就是自我表现。孩子特别想要得到老师和父母的认同，得到同学们的认同。我曾经看过这样一个案例，是一位失去丈夫的普通母亲，在孩子上学时三次经历家长会的一个案例。第一次经历是在幼儿园的家长会上。老师对这位母亲说："你的孩子可能有多动症，在板凳上连三分钟也坐不住，你最好带他到医院去看看。"在回家的路上，这位母亲伤心极了，因为全班同学只有他的孩子被老师点名批评了。可是这个母亲非常有智慧，她微笑着对自己的孩子说："宝宝，今天老师表扬你啦，说你原来在板凳上坐不了一分钟，现在能坐三分钟了。其他小朋友的妈妈都非常羡慕妈妈，因为全班只有宝宝进步了！"这句话给了孩子很大的鼓励，于是孩子这天晚上破天荒吃了两碗饭。

第二次经历是在小学的家长会上。老师对这位母亲说："全班有50名同学。在这次数学考试中，你儿子排第49名。"在回家的路上这位母亲又伤心了，可是她这样对自己的孩子说："儿子，老师对你充满了信心。老师说了，你并不是一个坏孩子，只要能细心些，就会赶上你的同桌。这次你的同桌考了第21名。"她说话的时候发现儿子黯淡的眼神一下子充满了光亮。其实儿子心里知道自己考得不好，但是他得到了母亲的鼓励，因此他非常高兴。第三次经历是在初中的家长会上。老师告诉这位母亲："按你儿子现在的成绩，他考重点高中有点困难。"这次这位母亲心里却非常高兴，因为她的儿子原来在幼儿园和小学的时候，老师的评价都不是很好，可是这次老师只是说他考重点高中有点困难，这说明他已经有了很大的进步。她告诉儿子："班主任对你非常满意。他说了，只要你努力，很有希望考上重点高中。"高考结束以后，这个孩子被清华大学第一批录取了。可以说在这个孩子的成长道路上，母亲的鼓励至关重要。我们平时一直说失败是成功之母，但是对于现在的孩子来说，鼓励才是成功之母。孩子取得进步并得到表扬，才会对学习有兴趣、有信心。所以家长朋友们，请你们以后不要再对孩子说"这么简单的题目，你都不会，你太笨了"这类的话了。另外，如果他题目做不出来，你也不要说"这么简单的题目，你半天做不出来，你是不是上课没听"这些话了。那么你们应该说什么呢？你们应该对孩子说："你真了不起，这么快就把作业做完了。"如果孩子把题目做错了，你们可以这样来鼓励他:"做错了没关系。我知道你很聪明,你再想想。我相信你一定能做出来。"希望家长们以后多用这些鼓励的语言去鼓励自己的孩子,保护他们的求知欲和信心!本着这样的教育理念,我们学校也同样从鼓励孩子的角度出发,给予孩子自我表现的机会。比如班级里的每个同学都有自己的岗位,需要履行自己的岗位职责;学校经常会开展一些丰富多彩的活动,如快乐"二艺"、经典"四礼"、缤纷"六节"等,给孩子们搭建自我展示的平台。

总之,家长要了解孩子,要了解孩子的需要,并适当引导孩子,而不是强行地灌输。这是做智慧型家长的重要条件和基础。

俞 玥

在谈到"沟通"这个话题时,我相信很多家长都有这样的困惑:"我和我的孩子今天花了很多时间沟通,但是没有达到我预期的效果,或者有的时候还会有这样一种状态,就是越沟通越难,甚至走进死胡同。"那么怎样让我们的沟通能够达到效果呢?作为一名一线班主任,其实在我平时的工作当中,我时常反思,也时常用我的眼睛去观察各位家长,向家长学习。在这里,我想抛出三个沟通的小技巧。

第一个沟通的技巧就是化繁为简。繁就是繁琐,简就是简单。相对而言,学生是一张正在不断丰富内容的"白纸",而家长有自己的知识结构,包括自己的一些经验体系，可以说是一张"经验网"。这两者其实是不对等的。那么当家长想把自己的意思适时地传达给孩子时，真的能够实现百分之百没有损耗吗？在这个过程当中，家长通常会采取两种方式。一种方式就是家长想把这个问题说清楚，然后运用自己所有的知识、自己所有的经验全方位地去论证，尽量做到逻辑严密、科学严谨。可是，孩子能理解家长要谈的一切吗？可能家长说的确实是这么多年来的心得体会，但是我们要知道，一个人没有亲身体验过，是不能够产生共鸣的。还有一种方式就是因为怕孩子忘记，家长通常会把一个点反复地说，从不同角度说。其实这种沟通是容易让人疲劳的。各位家长肯定都有过这样的体验，更何况本身注意力就不是非常稳定的孩子。因此，针对孩子的特点，我觉得家长可以这样做：第一，把话说得慢一点，因为孩子从听到理解再到内化是需要一个过程的；第二，把话尽可能说得明确一点。把话讲得越慢越明白，对孩子来说可能越有利于他们理解。

第二个沟通的技巧就是化负为正。通常下面这些词家长对孩子使用的频率比较高：一个是"不"，一个是"没有"。比如，"你今天没有认真听吧""这个事情你又没有照着我说的去做"等等。其实家长今天指出了这个问题，明天又指出了那个问题，在孩子身上指出了无数的问题之后，最关键的是要帮助孩子解决这些问题。然而家长往往仅仅停留在指出问题上。所以我觉得正面的词语家长要用得多一点，让孩子知道要朝着什么方向发展。比如孩子迟到了，你可以这样对他说："你今天又迟到了，但是我发现你今天比昨天早到了两分钟。如果能够把每个动作都连起来做，连得快一点，相信你明天肯定能够更快更早地到学校。"然后家长还可以很巧妙地把希望孩子具备的一些品质慢慢地渗透给他，比如善良、诚实、稳重。稳重，其实我觉得我们在这里可以探讨一下。昨天我的班上发生了一个小小的插曲。一个男孩子跟一个女孩子开玩笑，他把那个女孩子的橡皮拿过来了，结果女孩子当时号啕大哭。后来她告诉我，这块橡皮对她来说意义非凡。当时所有的人都去帮女孩子指责男孩子，这让男孩子非常不好受。这个男孩子非常要强、要面子，他就一口咬定这块橡皮是自己的，然后还狠狠地在上面写上了自己的名字。当时解决这件事情的时候，我先把他单独叫到外面，一句话都没说。他就对我说："俞老师，是这样的，我就是拿了她的橡皮，只是开个玩笑，但是她弄得我真的下不了台。"于是我说："要么我把那个女孩叫出来，你跟她单独道歉吧？"当时我认为，如果给了这样一个台阶，很多人肯定都会说："老师，好的。"但他当时跟我说："老师，我要进教室，对所有的人说，我没有偷这块橡皮，我只是跟她开玩笑。"我当时非常感动，我觉得我的眼眶都是湿的。尽管这个孩子有点调皮，但他懂得是非，他能够承担责任，所以我就不停地摸他的头，跟他说："孩子，你太棒了。我觉得你是一个勇于承担责任的好孩子。"

第三个沟通的技巧就是化抽象为具体。我们在校门口经常会看到这样的现象，爸爸妈妈、爷爷奶奶或者外公外婆送孩子上学，说："孩子，你今天上课认真一点啊。"可是什么是认真呢？你的"认真"和我的"认真"一样吗？我们的"认真"和孩子心目当中的"认真"一样吗？孩子可能觉得"我今天上课前五分钟坐得很端正，就是认真"，然后忽略了后面的35分钟，回家还会大声地说："妈妈，我今天上课很认真！"所以在沟通的时候，标准不一样，沟通所达到的效果也不一样。我觉得家长可以把这个标准适当地具体化。具体化的一个方式就是量化。比如家长可以跟孩子这样说："孩子，你今天上课，和老师目光对视了几次呀？老师在什么时候给了你一个赞许的眼神呀？"家长可以用这样一个量化的标准来评定孩子是不是认真。或者家长还可以给孩子一些可以操作的步骤，比如说："孩子你要做好这件事，第一步要……第二步要……"

上面我讲的这三个沟通的小技巧是我个人比较粗陋的意见。我觉得这三个技巧要解决的就是：第一，让孩子听懂你在说什么；第二，让孩子能够接受你所说的；第三，让沟通能够达到一个好的效果。

 吴惠强

关于认识，我一直认为，任何一个事物，比如一个杯子或一瓶矿泉水放在我们面前，都有比较亮的一面，也有背光的一面。再比如这个舞台，从你那边看过来，这舞台太漂亮了。但是如果我再往后面走一走，就会发现，舞台后面可能还有一些零乱的支架。很多东西一经正反面对比，给人的印象就会相差甚远。这就是我想告诉大家的，任何一个人，不仅仅是孩子，其实都有他的优点和缺点。俗话说得好，"爱一个人，不仅要爱他的优点，还要爱他的缺点"。其实我们平常看到的孩子，他是一个活生生的人，他有优点，也有缺点，那么我们该怎么办？这里涉及一个理论，叫"闪光点"理论。当我们看到某个人身上有个闪光点，我们就会认可他的闪光点，欣赏他的闪光点，然后赞扬他的闪光点，告诉他"你太可爱了，你太棒了"。慢慢地，你就会发现闪光点越来越大，成为一个面，成为非常耀眼的一个面。所以从这个角度来讲，我们怎么去看待我们的孩子，怎么去认识他呢？我们应该客观全面地去看，并且我个人认为应该多看优点，少看缺点。当然，我并不是要家长看到优点就表扬，看到缺点就批评。忽视，有时也是一种教法。你千万不要盯着孩子。如果你盯着他，甚至总盯着他的缺点，那么孩子会被你盯"坏"的。

所以我觉得，认识孩子，应多看看他的优点。当家长看到孩子的优点之后，要学着有效地和孩子沟通。刚才俞老师讲的三个技巧非常棒，比如把非常繁的简单化，把非常负能量的变成正能量的，把抽象的变成具体的。这三个沟通的技巧很有操作性。在这里我想进一步提醒一下各位家长，其实沟通不仅要表达，还要倾听。在沟通的时候，有时并不是说话说得最多的就是最有道理的。孩子的成长是孩子自己的事情。只有他对自己的成长有感触，对自己的学习有要求，才能健康快乐地成长。你千万不要以为"我教你，你听进去就行"。家长在跟孩子沟通的过程中，一定要多听听孩子怎么说。所以我觉得，家长除了要掌握一些沟通的技巧外，更重要的是还要学会倾听。

智慧型父母会要求、会惩戒、会反思

智慧型父母会给孩子提出适当的要求，让孩子在目前的基础上跳一下即能达到目标；智慧型父母会惩戒孩子，但绝不是通过打骂，而是给孩子建立一定的规则，让孩子体会违背规则的结果；智慧型父母会不断反思自己的教育方式，不断调整相应的教育手段，帮助孩子健康成长。

 陈　敏

每位家长都一定要注意发现自己孩子的闪光点，并且根据孩子的闪光点对孩子提出一些适当的要求，也就是要会要求。一个智慧型的家长，我觉得首先是一个懂爱的家长。因为你爱自己的孩子，才会对他提出一些适当的要求，才会知道他需要什么，才会知道他应该得到些什么样的鼓励和帮助。

 朱　嫣

各位家长，你觉得惩戒是不是责骂或打骂？我看到在场的很多家长都在摇头。我相信我们都有一个共识，那就是惩戒并不是简单的一种批评或者粗暴的一种动手，对不对？我为什么这么说呢，因为我曾经在知乎上面看到过这样一个话题。有个人是这样说的："那些从小就缺乏自信的孩子,长大以后会有什么样的感受?"然后他列举了很多条。我选了几条来给大家念一念。大家看看自己有没有这样的感受。比如:"长大以后,我们会经常怀疑自己,从来不会跟别人提出要求,为人比较随和,偶尔吃亏也总是默默地忍受。""当被人夸奖和关注的时候,我们永远觉得受宠若惊,甚至会觉得有很多压力,感到有非常重的负担,觉得自己配不上,害怕受伤,害怕失败等。"我看了这些列举的一条条内容以后,很有感触,因为感觉很多内容在自己身上也得到了印证。我不知道在座的各位家长是不是也有过这样的感受。留言里面说"全中"的人不在少数。我回想起来,我的父亲也比较严厉,对我的要求比较高。只要我犯错,他通常就是板着脸来训斥我的。所以长大以后,我看见我父亲时,多少还是会有一些害怕。而且我工作以后,在做事上有的时候也会畏首畏尾,会害怕失败,会容易紧张。所以我觉得,从小在打压的这种教育环境下长大的孩子,他的自信和自尊心可能都会受到一些影响。

接下来我们就会面临第二个问题。孩子在成长的过程当中,可能还是需要一定的惩戒的,但是我们又不应该去打压孩子。那么为人父母,我们应该怎样去面对孩子犯错呢?我想问一问在座的各位爸爸妈妈,你是如何去定义孩子犯错的?我们好像每天都会遇到孩子出现各种各样的问题,比如:孩子比较调皮,不听话,经常会惹是生非,有时候甚至会在学校里面闯祸,被老师批评;孩子的动作非常慢,容易拖拉,每天都弄到很晚才睡觉;孩子可能就是有些没大没小的，就是比较没有礼貌，尤其是对自己的父母或其他家人；孩子明明犯了错误，你跟他指出时，他就是怎么也不愿意承认，有的时候还会撒谎。我们的家长是不是每天都会因为这些数不清的小问题感到非常惶恐，感到非常郁闷？在这种情况下，如果你带着这种焦虑，抱着这种非常急迫的心情，去看待孩子的这些行为，去处理孩子的这些问题，你的行为方式往往就会带有攻击性。我们常常也会看到很多家长一下子就变得暴跳如雷，负面情绪大爆发，甚至在孩子面前大吼大叫。家长在做出这种行为的同时，可能忽略了一点，就是在否定孩子的这种过错的同时，也在情感上把孩子孤立了。其实在生活中，每个人都希望被温和地对待，尤其是孩子。

我还记得我的儿子在两三岁的时候，有一次在家里面玩，他把一个比较心爱的汽车小玩具从阳台上朝远方扔出去了。然后他觉得非常得意，还兴冲冲地跑到我跟前跟我说："妈妈，你看我把我心爱的小汽车扔得多远啊。"他在跟我炫耀呢，真的很希望我表扬他。其实我当时是相当生气的，但是我还是努力地克制了自己马上要脱口而出的一些责备的话语。我把他带到楼下，跟他一起去找小汽车。在找的过程当中，我就跟他谈心："这个玩具对我们来说意味着什么？你把心爱的玩具弄丢了，其实应该是怎样的一种心情？是开心得意的，还是非常伤心难过的？而且从高处把这个玩具扔下去会有多危险，会产生怎样的一个后果？"我们一边谈一边找，找了很长时间，因为他扔得蛮远的。后来我们好不容易在一个很脏的草丛里面找到了小汽车。最后他悄悄地跟我说:"妈妈,我知道自己这样做是不对的。"所以我觉得,无论我们通过何种方式去惩戒孩子,都要让孩子知道在犯错以后自己该怎么做。这比让他因为这个错误的本身受到惩罚更重要!因此,我最后想对大家说的是,孩子在成长的过程中犯错可能是必不可少的,这也是一种成长。孩子在亲身体验怎样面对犯错以及处理错误的过程中,会慢慢地找到规则,然后才能够建立自己的规则和自立性。

 张 剑

实际上在心理学上有这么一个解释:人之所以在处理突发事件的时候会很生气、很愤怒,实际上是因为他想掩饰自己不知道该怎么处理当下这样一个局面的事实。因此,他会控制不住自己这种焦躁的、愤怒的情绪,然后把它溢于言表。孩子在我们面前处于弱势。其实我们将心比心,如果我们跟比自己强势的人在一起,是不是一遇到不开心的事情,就可以毫无顾忌地爆发出来,或者想骂就骂、想打就打?我想应该是不可以的,尤其是当我们面对上司的时候,即使我们觉得不开心,可能有委屈,但我们仍然会克制自己。那为什么我们会在孩子面前表现得那么暴躁呢?就是因为孩子属于弱势群体,而我们当时为所谓"熊孩子"做出来的"熊事情"而感到非常愤怒,一时之间觉得孩子惹了麻烦或者影响了我们的面子。实际上,我们用这种责备、打骂的方式去惩戒孩子也是一种弱者的表现。我们更该想一想孩子出错的原因是什么。刚才朱老师提到她的儿子从高空抛玩具小汽车的事。可能在此之前,朱老师的儿子并不知道从高空抛物会造成怎样一个后果,因为在他的生活经验当中没有这么一件事情,所以他不知道这样的行为是错误的。朱老师在事后用跟孩子交心的方式,用弹性的方式来补救,让孩子认识到了这是一个错误的行为。所以有时候孩子犯错不是他真的故意犯错,可能是因为他不知道这是错误的。我儿子有时候就跟我说:"妈妈,下课的时候我是想去小便的,可是我一跑到外面看到小朋友们在玩,我就忘记了,我就跟他们一起玩了。上课铃一响,我才想到我没有去小便,但是我想想我还是要去小便,所以我就去小便了,结果迟到了,进教室后就被老师批评了。"孩子小的时候还不能做到完全自律和自制,所以我们家长要分清楚孩子犯错误的原因,然后再有技巧、有目的地去帮助他纠正错误。其实我们的最终目的不是惩戒,而是帮助他改正错误。

 吴惠强

为什么要提"会要求"?各位家长不知道有没有听过一句话,就是这几年很流行的,"静待花开"。"静待花开"其实现在很多人在微信朋友圈都会发,因为大家都认可。但请大家注意,我曾经对它做过一个分析。"静待花开"为什么会出现呢?21世纪初的时候,大家都很急躁,在教育上产生了一种社会性的浮躁。当时有句话叫"不能输在起跑线上"，但是大家发现起跑线很难画，是在孩子进小学后画，还是在孩子进幼儿园后画，或者在孩子刚刚出生时就要画？后来又有人说，人生不是百米赛跑，而是一个马拉松式的长跑。在马拉松比赛发令声响之前，一大堆人在起跑线后排成一个方阵，甚至有的人排在几十米以外，但排在后面的人也没觉得他吃亏了，因为这是长跑，是马拉松。在"不能输在起跑线上"的前提下，有人提出要"静待花开"，我认为这是一种进步，因为静待花开是尊重花生长的规律，而孩子的成长也有规律。另外，我还想讲一个观点，就是家长不仅要做一个静静等待的人，还要做一个积极引导的人。有些习惯我们的孩子原来不懂，因此家长可以告诉他该怎么待人，该怎么打招呼，客人来了他该怎么办。家长教过以后，孩子慢慢就懂了。这不就是一种进步吗？行为习惯在改变了，这不就是一种进步吗？所以，教育对人的发展是有作用的。从这个角度来说，"静待花开"是有局限性的。我们固然要尊重孩子成长的规律，但不能任由孩子自行发展，应积极引导孩子，给孩子提出合适的要求。

现在家长会有这样的特点：小学开家长会，一个班有40个孩子，但家长来了50个，因为有些孩子的父母亲都来了。到了初中，甚至到了高中，去开家长会的家长可能就少了，因为家长们觉得孩子已经定型了。其实孩子的发展有差异性。有些孩子个子高，有些孩子个子矮；有些孩子学语文一学就到位，有些孩子学数学马上就很灵光。每个孩子都有他的特点，所以家长给孩子提要求的时候，要认识到"适合的才是最好的"。对有差异的孩子，我们要施加有差异的教育，施加有差异的引导，给孩子有差异的要求。有人会说："那不行。如果这个差异慢慢放大之后，我的孩子不是进不了最好的学校了吗？"家长要注意：你给孩子提的要求如果是适当的，他可能慢慢地就会发展得越来越好。你给他制定的目标是适合的，才能推动他更好更快地发展。而你要追求的结果不是他一开始能发展多少，而是最后他能达成多少。所以我觉得并不是你给孩子提了很高的要求，就能获得满意的结果。

刚才大家讲到惩戒不等于打。当然有人会说："打一顿的效果是很好的，打了以后孩子看到我时眼神都不一样。"但你要注意，打骂的效果是会递减的。第一次打很灵，大概也有用。第二次打，一个礼拜有用。第三次打，三天有用。第四次打，当天有用。第五次打，就没用啦。孩子到时候就会说："你打吧。你打死我好了。我是不是你亲生的？"所以这个效果是会递减的。打肯定不是教育方法，甚至我曾经提出一个观点，当父母处于情绪很急躁的状态时，教育注定就是失败的。所以高明的人提醒"冷静三分钟，待冷静下来，再想想自己该怎么办"是非常正确的。我还要提醒大家，每年的4月30日是一个节日，叫世界不打小孩日。其实一开始我也不知道这个节日。几年前一个记者跟我说："吴老师你知道吗，4月30日是个节日。"我问他是什么节日，他说叫世界不打小孩日。然后他说："国际上竟然有这样一个节日。你作为家庭教育的专家，你能不能告诉大家应该吸取些什么教训？"当时我开玩笑说:"第一,打孩子的人肯定很多,不然国际上不会专门设立一个节日,对不对?第二,不打孩子是方向。并且《中华人民共和国反家庭暴力法》已经施行了,所以现在家长打孩子会涉及犯不犯法的问题了。"

我想问一问在座的各位家长,如果有两本关于家庭教育的书放在你面前,你会选择读哪一本?第一本书是这样写的,先列举一个问题,比如"你的孩子早上不肯起床怎么办",然后在下面给出相应的对策。很多家长跟我说:"吴老师,我们最喜欢的就是这种书。这样的书放在家里,万一孩子出现书中提到的相似的状况,我就照着做。"第二本书是向你介绍处理的经验的。比如刚才朱老师介绍的经验。她的孩子把玩具小汽车扔下去之后,她是怎么做的?她当然很恼火,但她没有表现出来,因为孩子不会明白她为什么会恼火。其实她后面做的事就是让孩子体验,而这种体验就是一种教育,孩子也因此知道那个行为就是错误的。

有时我也在想,怎样做智慧型父母。如果只谈做成功的父母,那么我们可能只关注怎么教。但是如果要做智慧型父母,那么我们不仅要关注怎么教,还要进一步关注孩子的体验。我们在教之前,在思考这两个问题的时候,还要考虑第三步。第三步是什么?就是实践。第三步做完之后,我们还要做第四步。第四步是对我们的行为,对我们的家庭教育行为先进行反思,反思之后再去改进。所以我想,智慧型父母考虑的问题会更多一些,会考虑得更周全一点。有的父母看到别人举的案例时,马上就会想:"他为什么这样做？他这样做的效果怎么样？如果我用他的方法来教育我的孩子，会有怎样的一个效果？"这就是反思，这样的父母就是智慧型父母。

 田启明

从我自己的个人成长和家庭来说，我觉得智慧型父母一定是有定力的父母，就是有所为、有所不为。看到其他家庭的做法，看到其他模式，看到书本中介绍的案例，听到专家讲解的内容，智慧型父母就会思考："这些方法适不适合我的孩子呢？"父母要了解自己的孩子，分析孩子的需求之后再做选择。这样选择的方案就应该是最适合孩子的。

每个孩子都是不一样的，所以我们说要因材施教，但是学校里主要进行的是通识教育。父母一定要配合学校做更多的事情来因材施教。虽然老师也很了解学生，但是最了解孩子的应该是父母。父母如果努力去倾听，认真去剖析自己的孩子，就一定能成为智慧型父母，从而找到最适合自己孩子的教育方法。

苏州家话

第四章
家庭：孩子人生中的第一所学校

家庭是孩子的第一所学校。父母的言行一直在潜移默化地影响孩子。孩子将从家庭中受到爱的滋养，得到追求幸福的能力。家庭这所学校里没有标准的课程，然而，家庭环境、人际关系、父母的文化水平及道德修养都深刻地影响着孩子。父母要充分利用家庭的有利条件教育孩子，消除消极的影响，使家庭真正担负起孩子人生中第一所学校的责任。

家庭的积极力量让生命更丰富

家庭对一个人成长的影响是无可替代的,朝夕相处的人对孩子的耳濡目染是毋庸置疑的。作为父母,不但需要对自己的言行负责,也要为这些言行对孩子的影响负责。遗传的因素我们改变不了,但是生活中的一点一滴都会影响孩子的性格、"三观"、思维方式、行为举止,而这些都是可以控制和调整的。优秀的父母不会先去指责和要求孩子,而是先从自身的角度审视自己的言行。

 韩郁香

在实践当中我感受到,家庭其实是具有力量的。如果家庭给予孩子消极的力量,孩子的伤痛就会越来越大;如果家庭给予孩子积极的力量,孩子的伤痛就会越来越小。所以在实践工作当中,我们也常深入了解家庭,近距离走进家庭。对于学校的工作而言,给予家庭力量和帮助是很重要的。

我经常听到父母谈论孩子做作业的问题。其实千家万户都在面对这样一个问题。每天下午孩子们放学回家后，我在办公室就会想，在晚上6点至8点这个时间段，有多少个家庭因为作业而鸡飞狗跳。原本孩子高高兴兴地放学，父母高高兴兴地下班，可是就是因为作业，父母和孩子之间的互动变得不健康、不科学。父母大呼小叫让孩子做作业，而孩子就是无动于衷。在这个过程当中，父母感到很焦虑。很多父母总是自以为是，认为："我是家长，我要你做作业是天经地义的。"当孩子不听从这样的指令，或者不去完成的时候，父母的这种焦虑就会升级为愤怒，紧跟着孩子的恐惧也会升级。父母总想解决问题，但又无法解决。所以整个家庭就处在这样一个极端紧张的气氛之中，家庭的良好氛围完全被破坏了，孩子在家庭生活中的感觉总是无助的。

那么，问题在哪里呢？问题在于父母只是站在自己的角度对孩子提出要求，而孩子不是发自内心地认为"我要做作业"。父母之所以不能解决这样的问题，其实就是因为父母不知道孩子的需要。关于孩子不做作业，有不少父母到校咨询过。其实，完成作业、打扫房间、吃饭等事情不是父母的事情，而是孩子自己的事情。可是父母往往把这些事情主动拉到自己的身上来，觉得"这些都是我的事情。我要你做作业，要你打扫房间，要你好好吃饭，都是我的责任"。因此在指导的过程当中，我们通常会告诉父母，不妨把选择权交给孩子。比如孩子回来了，今天有很多作业，语文、数学和英语……那么父母不妨问问孩子今天这些作业要做多少时间，他打算吃饭之后做作业还是先做作业。父母不一定要让孩子一回家就做作业，可以让他先休息一下。我们作为成年人，有的时候一天工作完回到家都觉得很累，孩子在学校学习了一天其实也是很累的，所以父母要带着理解和尊重的态度，去对待孩子做作业这件事情。父母可以征询孩子的意见。如果孩子说"我想先吃饭，休息一下，因为我饿了，然后我再做作业"，那么父母完全可以同意。而且父母问孩子"今天的作业大概需要多长时间"也是在和孩子沟通商量。父母这样做才是真正地站在一个和孩子对等的位置上。许多孩子的父母常常说："我是为他好。我是因为爱他、尊重他，我才要他做作业的。"我知道父母都是爱孩子的，但是其实有时候父母真的没有尊重孩子。大人和孩子是不一样的，理解问题的能力也是不一样的。父母真的需要把自己和孩子放在一个对等的位置来和他商量这件事情。父母这样尝试以后，孩子得到了尊重，他就会觉得"我有能力，我能对自己负责，我可以完成自己的事情"，而且清醒地认识到"做作业不是妈妈的事，是我自己的事"，于是孩子就会主动去完成作业。所以在孩子出现问题的时候，父母首先要处理好自己的情绪，把解决问题的权力交到孩子的手中，因为这样不仅能让孩子完成当下的任务，从长远来看，其实也能培养孩子自我管理的能力，而这种能力是他未来生活需要的一种重要技能。

 龙 迪

我们如果想家庭关系好,我们的孩子长大以后还愿意跟我们交往,现在就需要投入一些时间和精力。

我在上大学的时候,一直跟随我的老师在做家庭指导。我的老师跟家长交谈时,总能让家长感觉到:自己已经在现有条件下做了父母现在能做的事,但是做得不完美,还可以做得更好;而如果自己之前没有做的话,孩子可能比现在还要差。在这种指导下,我能看到家长的变化,从而能看到家庭的变化。我还能看到家长越来越有力量。

当时有一个妈妈给我的印象很深刻。这个妈妈离婚了,自己带着孩子。她没有什么文化。她在讲如何和孩子相处的时候,如果从家庭教育角度去看,我觉得她的想法和做法都是错的。但是当她讲到她带孩子的艰辛和困难的时候,我的老师对她说:"我听了你过去的这些经历,感到你作为妈妈真的很不容易。虽然你自己有这么多难处,但你没有放弃对孩子的关心。"老师转而对这个妈妈的孩子们说:"这就是你们的妈妈。你们知道吗?你们有一个不放弃你们的妈妈,而且她在最艰难的时候都让你们穿得干干净净的。这不是每个妈妈都能做到的。"

现在很多家长总说"为了孩子,我一定要做到……",但是真正能做到的又有多少呢?

韩郁香

我在学校工作这么多年，从很多咨询的问题当中，我提炼出了一个关键词，那就是"关系"。一切的烦恼都来自关系。在小学阶段为什么会有这么多师生之间的问题、亲子之间的问题存在？这些问题是导致其他所有工作失常的障碍，所以我觉得我们有必要处理好两个重要的关系。

第一个重要的关系是师生关系。我们常常说要"视如己出"，其实就是要把师生关系当作亲子关系来看待，只是这是一种特殊的亲子关系。第二个重要的关系就是亲子关系。我们要着力改善这两个关系。师生关系改善了，师生就有了力量；亲子关系改善了，家长和孩子就有了力量。当孩子有能量地生长的时候，他的生命便是丰富的。这个"丰富"我是这样理解的。我觉得孩子要朝气蓬勃，要觉得学习有意义，要有勇气，在他生长的过程当中要很有力量。孩子就是一颗有生命的种子，特别是幼儿园和小学的孩子。他在不断地长大。他每天的生长是需要阳光和雨露的，而阳光和雨露来自哪里，就来自家长和老师。当我们找到这样的关系，并精心地去维护的时候，孩子们真的会发生很大的变化。但是这两个关系无论漏了其中的哪一个，都是不行的。所以我们必须同时改进这两种关系。

我觉得给予孩子能量最重要的方法是鼓励，因为鼓励能让孩子感觉到"我还是主力"，鼓励能让孩子觉得有信心、有勇气。有家长跟我说："我鼓励他的呀，我和他说很棒。"我想提醒家长的是,一定要有正向激励的话,否则没有用。很多家长把鼓励和表扬混淆了。他们给予的表扬非常多,鼓励却非常少。我在这里举几个鼓励的例子。比如:"我发现你今天帮小明同学打扫卫生了。你就是个助人为乐的孩子。"这能让孩子感觉到他被看见了,他是有力量的。又比如"你在400米跑步当中一直坚持到了最后。我发现你真的是一个有毅力的孩子。"这是给孩子鼓励的语气。再比如"你今天的作业写得比昨天工整。我相信你一定能够改掉拖拉的习惯。"这也是鼓励孩子的语气。其实在日常生活当中,只要家长有这样的意识,掌握了具体的方法,就会发现孩子在跟老师和家长的沟通当中变得非常快乐,非常有朝气。如果家长和老师不断鼓励孩子,孩子就会觉得跟家长互动、跟老师沟通很有意思,"我今天又被老师看见了,我今天又得到了鼓励",就会很有信心、很有勇气。这样的孩子的生命一定是丰富的,而这种丰富的生命一定会让他健康快乐地成长。

 李 娟

刚才两位专家说,丰富生命就是转化,那么我想在这个转化前面加一些定语。我觉得它是一种视角的转化,一种占位的转化,一种权力的转化。

首先是占位、权力的转化。我跟我的同事,包括跟我的朋友们讨论过父亲缺位的原因。我觉得其中有父亲本身的问题,但是也有祖辈们不肯放权这样一个因素存在。有的时候祖辈们的手"伸"得非常长,所以不仅是爸爸,妈妈也会觉得"我好像没有在这里的必要,因为有人已经在做事了。我站在这里有点多余"。当孩子年幼的时候,祖辈们帮着孩子的父母照顾孩子是可以的。从照顾孩子的经验上来说,祖辈们可能更加权威。但是如果祖辈们一直管得比较多,那么等到孩子上学了以后,整个家庭的关系就会出现问题,爸爸妈妈就会觉得在管教孩子方面自己插不上嘴。如果孩子是外公外婆带的话,那么爸爸还可能觉得他已经被孤立在外了。这个时候我觉得父母需要积极主动地去把原本应该有的权力慢慢地、一点点地收回来,重新占据主动地位。祖辈们也应该慢慢地退出来。

其次是视角的转化。刚才韩校长说到做作业的问题。有的时候父母可能会不自觉地站到学校的那一方,觉得:"我跟老师,我跟学校是同一战线的。你是'敌人'。我一定要看着你把作业完成。"那么这个时候孩子在心理上可能会觉得不那么舒服:"你跟我不亲密,你跟我不是同一战线的。"我有一个同事,她的儿子考上了苏高中。从我个人来说,我觉得她的经验还是值得借鉴的,所以我经常向她讨教经验。有的时候我们谈到孩子作业多,我就问她:"你儿子作业多的时候怎么办?"她说:"我就先看看,无关紧要的作业我就帮他做点。"然后我说:"啊,可以这样吗?"等我自己女儿上了小学,我也发现,比如做英语作业,她在那里写答案和我在那里帮她写答案似乎没有本质上的区别。我跟她说:"你站在那里,你报答案我来写。"然后她就变成了一个小老师,说:"快快快,快点填，这道题选A……"她其实在这个过程当中，已经口头表述了，她也知道这道题目是怎么做的，只不过在形式上是我把答案写上去的。我觉得丰富孩子的生命，可以让形式更加多样化一点，不一定是让孩子毕恭毕敬地坐在那里把作业做完，应该让孩子感觉到"我是有自己的力量的"。我再说一个例子。前两天我自己不当心摔了一跤。昨天我跟孩子出去买菜、还书的时候，她就说："我扶着你啊！你上台阶的时候要……"我就觉得适当的退位也会让孩子感受到一种力量。所以我认为丰富孩子的生命，无论是祖辈还是父母都应该需要更加灵活一些。

家庭也有可能是伤痛的来源

家是温暖的港湾。家庭的积极力量能鼓舞孩子走出伤痛，但是家庭的消极力量会让孩子深陷痛苦而无法自拔，甚至也会带给孩子一些伤痛。这些伤痛有可能源于需求未被满足，也有可能源于粗暴的教育方式。因此，父母要注重构建具有积极力量的家庭氛围，给予孩子恰到好处的关爱。

 韩郁香

从实践工作者的角度，我们看到了孩子的伤痛，看到了很多孩子其实在家庭里经常受伤，或者天天受伤。这个伤是指家长给予孩子的严厉的斥责，忽视、漠视的态度或者极大的否定。伤痛的结果就是孩子自卑、不自信，在受挫时觉得很无力，没有力量感。

 李 娟

从幼儿园的孩子的角度来说，伤痛可能源于他的一些基本的需要没得到满足。比如他今天想要跟爸爸妈妈到哪里去玩，也可能是前几天爸爸妈妈已经跟他规划好了，说今天要带他去哪里玩，但是爸爸妈妈因为工作或者一些突发的事情对他说："今天我们有事，不能带你去玩了。你只能到爷爷奶奶家或者到放心班去了。"这对孩子来说可能也是一种伤痛。而某些家庭的小小纠纷也会让孩子内心很纠结。他不知道该怎么处理，或者他不知道他应该是听从爸爸妈妈的，还是听从爷爷奶奶或者外公外婆的。我们幼儿园老师平时在工作当中，也能接触很多来自祖辈和父母的不同的观念。不同的做法也会给孩子一点小小的伤痛。这是我的理解。

我们遇到过很多这样的家庭：父母双方都是独生子女，结婚前就说好要生两个孩子，老大跟爸爸姓，老二跟妈妈姓。两个孩子分别姓了两家的姓以后，分别是由爷爷奶奶和外公外婆带大的。老大觉得"我是爷爷奶奶家的"，老二觉得"我是外公外婆家的"。我看到一个很鲜活的例子。有一对双胞胎女孩，平时由外公来接妹妹，爷爷来接姐姐。幼儿园放学的时候，孩子们都在教室里面排好队，而这对双胞胎一般都排在一起。那天妈妈下班比较早，就提前来接孩子。平时外公外婆、爸爸妈妈带着妹妹一起生活，爷爷奶奶带着姐姐一起生活。两家住得很近。那天妈妈来接孩子的时候，姐姐排在前面，妹妹排在后面。姐姐看见了妈妈。妈妈以为姐姐要朝自己走过来，结果姐姐绕开了妈妈，走到了后面的爷爷那里。然后妹妹欢天喜地地说："啊！妈妈，你今天来接我，对吗？"这时姐姐就很冷漠地看看妈妈，可能会觉得"她们是一家的，我跟爷爷是一家的"。

后来我打听了一下，妈妈还是觉得很失落，但是她也觉得无奈，因为两家已经说好了，两个孩子就是得这么姓、这么带。我不知道这会给两个孩子带来什么样的伤痛。

 龙　迪

我们不知道孩子们是否有伤痛，所以最好的办法就是去问当事人。我以为这不一定会给孩子带来伤痛。有的家长会反思，但有的家长就不会。所以我们要问，只有问了才能知道答案。

 张　翔

这话很重要。李老师讲的那个案例可能会给孩子带来伤和痛，但龙教授给了我们一个重要方法论的视角：不一定。我们不要用已经熟悉了的生活观念和家庭经验直接对这件事情做判断。这个判断本身可能就是伤和痛。

龙　迪

我在写博士论文时，观察了六个女孩。她们都遭受了一个老师的性侵犯，然后媒体将此事曝光。那时我还在《中国青年报》社工作，我做的是青春热线督导，所以我就用媒体人的身份去了现场。当时我跟了这些家庭半年，半年内去过三次。我做的是人的寻访，也就是住在他们的家里去观察他们，观察孩子的反应和家长的反应。我主要想了解这件事被曝光以后，孩子和家长都需要什么样的服务。

在我陪伴他们的过程中，孩子跟我交流，家长向我反应，于是我慢慢地就越来越了解这些孩子和家长了。写论文的时候，我就越来越感觉到：家长就是我，我就是家长；这些孩子就是我的孩子，她们不是别人的孩子，而且她们遭受性侵犯不是她们的错。随着时间的推移，人们只记得她们遭受过性侵犯，只记得她们身上的耻辱，而忘记了她们的伤痛。而我作为一个心理疗愈师和家庭治疗师，在跟随她们的过程中，会看到她们的伤痛。那个时候我跟她们接触，听她们讲述，然后专门去查文件，还有各种专业资料。我觉得她们有很多心理创伤，但是没有人知道。其实我如果不是因为要写博士论文而回去查文件，我也很容易把这些孩子的反应当成行为问题，当成她们屡教不改的行为。但是我看到这些文件后，我知道了这是创伤后应激障碍。

周围人不再理解的时候就会给孩子很多的羞辱，而家长也会恼羞成怒从而去惩罚孩子。然而，当我们的社会没有提供合适的服务去给孩子支援，去给家长支援，而这个事情又成为新闻热点的时候，一家人都会互相践踏，而践踏的理由都是为了保护。比如父母对孩子出现这种问题感到很生气，就会打孩子、骂孩子，但是打骂就会增加孩子的恐惧和愤怒。她们越恐惧和愤怒，就越容易出问题。因为父母会勾起她们在各个方面的恐惧，也因为她们真的恐惧，所以有很多事情应该做，但她们就是不做，她们会找各种理由，把家长和老师都气得够呛。于是大人就会觉得她们是成心的。那些小孩在说话的时候，都是带特定语气的。她们会说男男女女的事情，说得好像很自然，但是我觉得她们是想用这种语言来吸引别人注意。其实她们自己并不知道这些事代表什么。但是一般人不了解她们，会觉得她们已经变坏了，她们已经变"脏"了，然后家长和周围人就会用表情、语言还有行动去伤害她们。其实有的孩子遭遇性侵犯的程度并不深，但是家长总是惩罚她。结果半年以后我再去看这个孩子的反应时，发现她的问题变得更多了。有的孩子其实遭遇性侵犯的程度是比较深的，但是因为她的父母后来听了我的一些劝告，改变了做法，所以等到半年以后我再去的时候，她的状态就比之前好了。

在这些年的研究工作中，我非常强调，我们要用更多的资源去做家庭疗愈。我认为，如果家庭能够有疗伤止痛的作用的话，那么家人是会有很大的进步的。孩子其实有很多创伤反应，有些行为真的会让父母很痛苦。有时父母打骂、惩罚孩子并不是因为他们自己水平低，而是因为他们没有出路，没有支持。有的父母因为从小到大也是在打骂中长大的，所以当他搞不定的时候就会本能地用这个他习惯的反应来对待孩子。

多年前我在北川做研究时，就看到了家人的力量。我跟北川中学的一些学生、老师还有家长相处过很长时间。在2008年汶川地震的时候，孩子们念高一。2010年他们高中毕业时，我就想找一些学生做个访谈，听他们说说这几年他们是怎么走过来的。最让我感动的是，几乎每一个人在谈到自己因为地震被压倒，感觉自己不行了的时候，他们都觉得自己不能死，因为他们死了，父母会非常难过。这些和创伤者接触的经验让我看到家庭是可以疗伤止痛的。而家人之间互相不友善，大部分时间是因为彼此不知道怎么样去排解情绪。比如有痛苦的时候，一家人因为不知道怎么样去交流，所以往往采用互相伤害的方式。我再举个例子。北川中学的老师，有四分之一是因为地震失去了核心家庭的人。2008年7月，我们做了很多活动，让老师带家人一起来参加。有个老师就说："太好了，我们夫妻俩还可以说话。之前两三个月他都不和我说话。"我问为什么。她说："其实还是因为非常难过，怕对方伤心，所以就不要谈这件事。但回到家里见到对方，除了这件事，其他都不想谈，对方也是这样想的，所以时间长了我们就都不说话，然后两个人就疏远了。"在活动中，我们没有和他们交流，只是让他们待在一起。他们可以随便活动或者做一些游戏，这样就让他们多了一些交流，他们也能因此找到解决问题的办法。这让我们看到：家庭可以成为疗伤治愈的地方；成员之间需要互相了解，从创伤的角度，了解彼此的问题，但是同时不要停留在焦虑上。

在生活中我们可以谈论创伤，我们也可以拥抱对方。走着走着，这个家庭就能够成为丰富生命的地方，可以让生命变得更有厚度、更有深度、更有广度。

 张　翔

听龙教授讲完她的这些经验后，我有两点感悟，其一就是成长一定是会有伤痛的；其二就是对于一个家庭来说，在处理伤痛的过程当中，家庭的一些不当的应对处理方式很多时候会造成更大的伤痛。所以生活中从来都没有一个所谓孩子的伤痛，那都是一个家庭的伤痛。

和谐的家庭氛围离不开父母的学习

创造一个良好的家庭环境，营造一种和谐的、充满教育气息的家庭氛围，对孩子的健康成长相当重要。而家庭教育的和谐氛围是长期积累而成的，需要父母不断地学习相关知识，不断地反思自己的行为方式。

 侯公林

现在我们国家的主要家庭形式确实发生了很大的改变，从原来的联合家庭，即三世同堂变成了核心家庭。核心家庭都是父母和孩子在一起。那么在这样的情况下，实际上很多教育的延续性的内容就没有了。现在的家长，很多都是自己教育孩子，跟孩子的爷爷奶奶或者外公外婆很少见面。这样一来，家庭结构就发生了改变。核心家庭要求父母要不断学习，因为他们没有办法从上一辈那里得到教育孩子方面的经验，必须要用自己的方式来解决问题。所以家长要学习，要了解孩子是怎样成长的，了解孩子的心理是怎样变化的。

现在家庭中还会碰到一个很大的问题，就是教育的一致性问题。家长经常会一个唱红脸，一个唱白脸。其实在家庭教育当中，家庭教育观念是一定要一致的。一致的观念才能让孩子找到正确和不正确的一个边界。如果一方认为孩子的某个行为是不可以的，而另一方认为是可以的，就会产生教育不一致问题。对孩子来说，他肯定只愿意接受对自己有利的观念。这样一来，对孩子的教育就会产生问题。很多孩子的问题都是在教育不一致的情况下产生的。我最近碰到一个这样的孩子。他有强迫症。这两年中，他父母几乎每次来我这都会吵。上个星期天他们又来了。来了以后两个人又开始吵。孩子的妈妈说："你的做法不对，你看，是你不好。"孩子的爸爸赶紧反驳："明明是你不对。不是我不好，是你不好。"两个人又继续吵。然后我就跟他们说："你们两个人的观点在这两年当中从来就没有一致过。我觉得你们还是达成一致以后再来找我吧。没有达成一致之前不要来找我了。"家长意见不一致对孩子的影响是很大的，会让孩子无所适从，没有办法去辨别是非、好坏、善恶。

今天的家庭面临很多问题。比如父母准备生二孩前，怎么跟第一个孩子解释，怎么让他接受？有孩子说："你们要是生第二个孩子的话，我就自杀。"其实孩子是怕父母生了第二个孩子后就不爱他了，他不愿失去父母对他的爱。那父母怎么样让第一个孩子感觉到父母还是很爱他呢？如果他感觉不到，他就会认为，父母把爱都给弟弟或妹妹了，他被忽视了，被边缘化了，而这对孩子来说是很不能接受的，会让他觉得没有安全感。一个没有安全感的孩子实际上从他的心理来说是很可怕的。

现在家庭结构确实变化很多。我们要去面对。我觉得最重要的一点就是，我们要不断学习。如果不学习，我们就没办法教育我们的孩子。

 韩郁香

传统观念认为，家庭不完整，孩子就会有问题，其实不然。来自单亲家庭的孩子不一定就有问题，有的来自单亲家庭的孩子发展得也很好。大部分的家庭还是核心家庭或三代同堂的家庭。像我们学校的学生，外来务工人员的子女约占70%，他们都有老人从异地过来照顾，所以放学的时候我们会看到门口站的绝大多数都是爷爷奶奶或者外公外婆。那么在这个过程中我们担心和忧虑的对孩子成长不利的情况是什么？就是生活的问题是解决了，但是孩子教养问题的后遗症还是比较大的，因为祖辈在教育的理念上，还有文化的传承上确实跟我们有很大的隔阂。单单背书包这件事情我们就已经呼吁了很多次，但祖辈们就是不能改变，就是要替孩子做所有的事情。有一次在门口我碰到一位阿姨，我就对她说："阿姨，书包让小孩背。你帮他背这个书包，就是背掉了他的独立性，背掉了他的责任。"让我惊讶的是，她跟我说："关你什么事！"她不知道我是这个学校的老师，说，"你看我的孙子，腰都背疼了。"其实那个书包根本不重，所以这种溺爱会让孩子从小养成依赖他人的习惯。在座的都是年轻的父母。我希望大家回去以后，要跟老人划定好边界。老人接孩子无可厚非，但是老人千万不能越位和错位。

二孩家庭的孩子出现问题的也比较多，大孩、二孩同时出问题的有，个别出问题的也有。有的家庭是大孩出问题。其实父母都爱自己的两个孩子，没有哪个父母说只爱大孩子而不爱小孩子或者只爱小孩子而不爱大孩子。但是在家庭生活当中，孩子的觉察能力很强，解读能力很弱，他觉察到的是你一直在帮弟弟或妹妹换尿布、喂奶粉、摇摇篮等，而对他的事情不闻不问，所以他就用很多不良行为来引起你的关注。有的家长就发现，有了二孩之后，大孩的表现好像越来越差。其实孩子是在用这样的方式抵抗，在寻求一种关注。有的家庭是二孩出现问题。二孩往往为了争夺父母的爱，会表现得非常爱取悦父母。所以家长常常看到二孩好像很聪明、很伶俐，而且很会说。我们要提醒家长的是，这其实也是一种警示信号。孩子可能只是在取悦你们，也是不良的。在家庭生活当中家长有两个孩子的时候要高度地关注和重视这些问题。

 李建军

各位家长，虽然你们的父母会帮你们做很多事情，但有个原则叫"帮忙"。你们作为孩子的父母，即使工作再忙，也是主角，决定权也一定要在你们的手里。你们请的是自己的爸爸妈妈来帮忙。他们可能经常说"我们不要你们付工资"，还会倒贴，什么都帮你们干了，所以你们就很不好意思，然后把决定权一点一点交出去了。这样就会出现教育的不一致问题。这种问题除了会出现在夫妻双方之间外，还会出现在代与代之间。从家庭结构角度讲，无论家庭是不是三代同堂，教育孩子的决定权都一定要在孩子的父母手里。各位家长，如果你们把这个决定权交给你们的父母，结果会是什么？大家想象一下，你们的父母会听谁的？听你孩子的。这样一来，整个所谓的关系就倒过来了。在这种溺爱下培养出来的孩子就是我们讲的"小皇帝"。他一提要求，爷爷奶奶或外公外婆就先响应，然后逼迫父母也响应。这样就使得家庭结构完全倒过来了。家庭结构有了问题以后，所有的功能就全部乱套了。

既然讲到了这个结构上的问题，我们就该清晰地呈现一下这个结构。也就是说，如果祖辈们参与带孩子的话，父母可以对他们表示非常感谢，让他们感觉你们非常孝顺，然后给他们创造一些单独活动的机会。其实创造机会让他们单独活动，也是为了给你们和孩子创造更多的单独在一起的机会。这不是一个争夺,而是一种调节。这种调节能起到加强亲子关系的作用。其实家庭是一个情感流动的地方。情感是最需要在家庭中流动的。我们可以利用情感的流动来调整好家庭关系。

发现孩子的闪光点,给孩子家庭的温暖

每个孩子的天资、喜好不同,必然不可能事事做到完美。孩子的成长是一个循序渐进的过程,而这个过程中最不能缺少的就是父母的鼓励和肯定。父母的鼓励和肯定将成为孩子前进路上最持久的动力之一。

 徐 勇

我不是专门从事儿童教育的。我的工作与儿童健康有关。当然这个健康,包括生理健康和心理健康。在儿童的心理健康方面,我认为它和儿童的生理健康是一样重要的。表扬和批评就相当于儿童心理健康所需要的维生素,也就是说表扬和批评都是儿童心理健康成长必不可少的元素,但是家长要注意对量的把握。量多了肯定是不好的,就像我们平时饮食一样,再好的东西,吃得多了,对健康也是有不利影响的。

赏识教育好不好呢?对于有些孩子来说,赏识教育非常好,但是对于有些孩子来说,赏识教育的效果可能就不太理想。我认为表扬和批评的关键就是得法。我们过去一

直说教学有法。当然得法是一个难以回答的问题，因为每个家长的世界观、价值观不一样。对同样一个问题，在这个家庭中家长可能认为需要表扬孩子，但在另外一个家庭中家长可能认为需要批评孩子。比如有的孩子在外边和别人发生了矛盾。有的家长就告诉孩子："你不要怕他。你要敢于和他斗争，要敢于反抗，或者是主动出击。"这是一些家长的反应。还有一些家长可能从另外一个角度教导孩子："你在外边要以和为贵，不能和别人发生争执，要谦虚谨慎。"不同的世界观当然对孩子今后的行为就会有不同的影响。

当然表扬与批评的量还和孩子正常发育的不同阶段有非常密切的关系。在座的家长应该都知道，孩子在生长发育的过程当中有两个反抗期。一个是 2 到 3 岁的时候，称为第一反抗期。另外一个反抗期就是青春期。青春期对孩子的心理健康影响是非常大的。孩子在这一时期通常都有逆反的心理。在这样一个情况下，当家长和孩子的矛盾比较大的时候，如果家长批评得太多，可能就适得其反。此时家长更要注意把握批评的度。另外，家长要善于发现孩子的闪光点，特别是当亲子关系有矛盾的时候，要让孩子感觉到一个家庭的温暖，而不是仅仅感觉到父母只关注他的学习成绩。过去我每次在讲课的时候，都会向家长举这样一个例子。考试结果出来以后，孩子回到家，家长问的第一句话就是："考得怎么样？"孩子说："我考了 90 分。"家长下一句话就是："考 95 分的有多少？考 100 分的有多少？"那么实际上这给孩子的感觉就是家长并不关心他，只关心他的学习。也就说是，孩子感觉不到家长对他的爱，感觉不到家庭的温暖。我们经常会听到一些家长对孩子说："其他事情你都不要管，家务事你也用不着做。你只要把学习管好就可以了。"实际上我认为这是一个误导。虽然学习非常重要，但是劳动、锻炼等也非常重要。

 潘　琼

在一个孩子成长的过程当中，不管是表扬还是批评，其实对孩子来说，都是被关注的结果。在成长的过程中，一个孩子如果从来没有被表扬过，或者从来没有被批评过，他就会觉得所有人都无视他的存在，他就会没有存在感，然后他就会变得冷漠和无情。所以有的时候我们也会听到有的孩子说："我宁可他骂我几句，这样能让我觉得舒服一点。"

表扬和批评带给孩子的是一种存在感，因此它们是非常重要的，也是非常有必要的。

表扬和批评这两个词语我们听起来觉得有点像是评价性的词语。表扬好像是比较正向的。它带给孩子的感受就是"我被认可了、被赞扬了"。它能够带给孩子一种可激励他继续成长的正向能量。家长在表扬孩子的时候，如果表扬的是孩子的某种行为或者他的坚持、他的努力，那么表扬是会激励孩子，让他成长的。但如果家长仅仅是对孩子说"你真聪明，你特别棒"，那么这个孩子可能会失去挑战的勇气，导致他不敢再挑战更难的题，不敢再挑战自己，因为他怕挑战失败后家长会说他笨。所以这样的表扬其实是不可取的。

说到批评，我们会觉得它是负向的，因为它似乎会带给孩子一些打击。但事实上批评的实质是什么？是我们希望孩子在犯错误后能够发现自己的问题，从而有所改变。所以，批评对一个孩子来说也是非常重要的。家长一定要清楚应该批评什么。你可以批评他某时某刻的行为，但你千万不要否定他整个人，不要否定他的一切。如果你否定他整个人或他的一切，那么带给孩子的就是一种伤害。在这种伤害之下，批评对他来说是不可能起到激励作用的。

我从老师的角度来举一个例子。我们学校三年前有这样一个男生。有一天放学的时候，他在校门口随地小便，然后被保安带到了我的办公室。当时保安什么话都没跟我说，把他送过来，跟他说了一句"你自己跟校长说"，然后就走了。我就问他发生什么事了。因为已经放学了，所以我认为事情一定发生在校门口。但他什么都不肯说。我就说："好吧！我们来看一下监控。"我在办公室是可以看到监控录像的，所以我就把监控录像调回到那个时间段。我看到他的眼睛盯着屏幕看，然后他的头开始慢慢低下来。最后我就看到他在校门口找了个地方小便。我说："天哪！这是你吗？"他把头压得特别低，说："是的。"之后我就把监控关掉了。我说："你怎么想到做这样的一件事情呢？"他说："我错了。"我说："很好，你第一时间就可以认识到自己错了。那么接下来我们该怎么办？"他说："你打电话告诉我爸爸妈妈吧。"我说："为什么要告诉你爸爸妈妈呢，告诉你爸爸妈妈可以解决什么问题呢？"他不说话。我说:"你再想想,你已经做了一件错误的事情,有没有什么办法可以弥补?"他想了想说:"我去把它冲洗干净。"我说:"这个方法非常好。是你自己去,还是我和你一起去?"他说:"我自己去。"我说:"行,你做完之后让保安叔叔给我打个电话。"他说"好",然后就走了。几分钟以后保安就打电话过来了。我是看着监控屏幕的,这个孩子的确在那。保安跟我说:"校长,这孩子还不错。他下来就跟我说:'保安叔叔,我错了。你借我一个拖把和一个水桶,我要去把它冲洗干净。'然后他就去干活了。校长原谅他吧,他非常好,他认识到了这个错误。"我说:"行,你就让他回去吧!跟他说,路上注意安全。"之后孩子就走了。今年的"六一"前,他回到学校里来看老师,然后他上来看我。其实我没有教过他。他看见我的时候第一句话就问我:"校长,你还认识我吗?"我说我认识。他说"嗯嗯",然后就不说话了。我说:"你想跟我说什么呢?最近好吗?"他说:"我很好。我5月4日评上了'文明青年'。"我说:"很不错。"他说:"校长,你还记得我做的那件事吗?"我说:"当然记得。"他说:"我要告诉你的是,我再也没有做过那样的事情。"我说:"你很棒。"后来他就坐了下来,继续说:"我当时以为你会把我爸妈叫来,然后他们会狠狠地骂我打我。我也以为你会在全校集会的时候拿我做个例子去教育所有的小朋友。但是我没有想到,你都没有这样做。"我说:"是呀!因为你自己已经意识到错误了,并且你已经有办法去弥补了。这多好呀!"然后他说:"谢谢你,校长!"他竟然还站起来跟我鞠了一个躬。我很感动，我也站起来，跟他拥抱了一下，说："宝贝，以后你如果取得好的成绩，一定要回来告诉我。"我觉得在这个事例当中，不管是我还是我们的保安，对这个孩子都用了一种非常尊重的态度。我们没有把这件事情扩大，而是在这件事情发生的时候，让孩子去看一看自己做了什么，然后让他思考有什么办法可以弥补。

所以我觉得不管是表扬还是批评，在孩子的心里都会留下一些暗示。我们可以把这些暗示称为表扬暗示和批评暗示。我们当时表扬和批评的可能只是他曾经做过的某件事情，但是留下的这个暗示，在他今后将要做出选择的时候，对他是有一个指导性的作用的。表扬或者批评会让他记得"我这样做是被认可的"或者"我这样做是不被认可的"。因此表扬和批评对孩子的成长是有积极的作用的。

 蔡林春

表扬，我觉得可以描述为悦其心。悦是喜悦的悦。表扬就是让孩子变得很阳光、很快乐。批评，我觉得可以描述为撼其心。撼是震撼的撼。有一句话是"忠言逆耳利于行"。我自己从教这么多年，我有一个原则，就是多表扬、少批评，或者多赏识、少惩罚。这是我做教师的一个指导思想。

在这里我要说一说我记忆最深刻的一件事情。当时我班里来了一个孩子。校长特别嘱咐我说："蔡老师，这个孩子是刚调过来的，很特别。"原来，这个孩子是一个惯偷。四年级的孩子就是一个惯偷，那么我该怎么教育他呢？我一直在想办法。正好那一天是中秋节，我在想这孩子在家里干什么，于是我就拿着月饼到他家里去了。孩子家里边只有一间房。整个房子里到处都是碗，没洗的碗，还有鸡蛋、白菜。孩子过得很苦。他的妈妈一直在外面打工，而爸爸因为被追债，逃到外面去了。所以看到这个情景时，我是真的很同情这个孩子。我把月饼放在他的桌上。他看到是我，就说："呀！蔡老师，你怎么来了呀？"我说："蔡老师给你送月饼来了。"他看了月饼之后，一下子吃了五个。等他吃完月饼，我说："来！我们一起来打扫卫生吧！"然后我就和他一起扫地，一起洗碗。打扫完毕以后，我说："蔡老师回去了，你也早点休息。"他说："蔡老师，我送你。"他一直把我送到门口。第二天，因为这件小小的事情，班级里"炸锅"了。我一到办公室，几个学生就冲进来，说："蔡老师，蔡老师，不公平！不公平！"我说："怎么不公平啊？"学生们说："昨天那个同学吃到了你那么多的月饼，我们怎么一个月饼都没吃到？那个同学在班级里面跳呀叫呀，一个劲地说'老师喜欢我，老师喜欢我'。"我一听，开心死了。我觉得那个孩子的心中已经有我了。其实那天我没有表扬他，我只是用我的行为告诉他我赏识他。他心中有我以后，我开始逐渐表扬他。比如他做作业有点进步了，我会告诉他"你真棒"或者给他一颗糖，因为在他的生活当中，妈妈很少给他这种零食。又比如他的作业本没有了，我就奖给他一个本子。就在这样不断赏识、表扬的过程当中，他找到了自我，也就慢慢地没有偷东西的行为了,因为他缺什么,他可以向我提。当然我跟他妈妈约定好了,我能够为他提供什么。后来他慢慢向良性方向发展了。所以我觉得赏识和表扬对他起了很大的作用,让他树立了信心。

 徐 勇

我认为,对于很多事情,我们也不能就事论事。比如拖延症的问题。实际上拖延症的形成经过了比较长的一段时间。在这样一个情况下,想纠正孩子拖延的习惯,难度是很大的。在儿童教育的模式中有不少是成功的模式,但实际上更多的是不成功的模式。孩子确实是不一样的。那么作为一个家长到底该怎么做呢?实际上我也真的很困惑。我不是搞儿童教育的,但是对教育的体会很深。我现在是做大学教育的。大学教育和儿童教育有相似的地方,也有不相似的地方。我现在有一个非常重要的体会:不管是做老师,还是做家长,爱心都非常重要。哪个家长不爱自己的孩子,但是很多孩子没有感受到家长对他的爱,只感受到家长对他要求严格。那么在这样一个情况下,不管家长是表扬他还是批评他,他都觉得无所谓。这就是他感觉不到温暖的表现。但是这种温暖是非常重要的。如果他感受不到温暖的话,家长的表扬和批评都不会有好的效果。所以家长一定要有爱心。家长也要有耐心。耐心实际上是考验家长修养的一个非常重要的方面。如果修养这门功课家长自己都没有做好,那么想教育好孩子,难度是很大的。很多孩子的自觉性都不强，自制力也比较弱，这就要考验家长的耐心了。除了有爱心和耐心外，家长还要细心。家长要和孩子共同成长，在成长的过程当中要善于发现孩子的问题所在。比如孩子有拖延症，那么家长就应该思考，孩子为什么会拖延，有没有什么好的办法来纠正孩子的这个习惯。家长可以和孩子一起制订一个时间管理计划，并用表扬、鼓励等方法帮助孩子改掉拖延的习惯。

我认为儿童教育没有灵丹妙药。每个家长都有自己的经验，每个孩子也都有自己的一些特点。虽然儿童教育有通用的模式，但这种通用的模式只是原则性的。每个孩子的个体差异真的很大。所以家长在教育孩子的过程中，一定要有"三心"——爱心、耐心和细心。

包容并理解原生家庭的影响

家是一生中与我们的关系最密切的地方。童年时在家庭中受到的影响确实会影响孩子的认知。每个孩子都是有积极向上的成长力量的。我们注重原生家庭的影响，因此需要努力为孩子创造和谐温暖的家庭氛围，但也不用苛责自己去建立"完美"的家庭。

孙云晓

毫无疑问，原生家庭都会给孩子带来深刻的影响。但是我觉得现在社会上有一个倾向，不少人把自己的问题都看作原生家庭的问题，认为"我没有责任，都是家不好"。我觉得这样的话不符合事实。心理学家认为，母亲把孩子生出来，已经是一个非常了不起的重大的贡献了。而我们现在都把这个贡献一笔带过，觉得好像是件很简单的事。事实不是这样的！怀胎10月非常艰难。孩子出生以后，父母把他养大也很不容易。所以每个人都要对父母的生育养育之恩有足够的认识。这是我要说的第一点。

我想说的第二点就是，父母的确是有某些缺陷的，因为人类一代更比一代强。所以当我们回头看的时候，肯定会看到好多问题。我觉得我们应该更多地去理解和包容这些问题，去化解一些不快，因为我们有责任超越上一代人。我觉得这是非常重要的。原生家庭固然对我们有很多影响，但是我觉得一个人的修复能力是很强的，很多创伤是会慢慢得到修复的。我们在家庭教育中应该提倡相互理解和包容，这样才能让家庭关系变得更加和谐。

 解 琪

从孙老师的话中我认识到，即使我们自己现在觉得我们身上的某些缺陷是原生家庭造成的，我们也不要去抱怨，我们应该考虑如何去修复它、调整它。同时作为父母，我们也不必太介意我们给孩子创设的原生家庭是否完美。只要我们发自内心地去爱、去对待我们的家庭，我觉得就够了。

苏州家话

苏州
家话

第五章

专家问答现场实录

　　2018年，"苏州家话"总共举办了8期，请到了众多知名教育专家和一线的校长、教师，为到场的各位家长解答疑惑。

　　在8期的沙龙现场，很多家长在提问环节，向在场的专家们提出了自己在教育孩子过程中所遇到的一些问题，专家们也对这些问题一一做了解答。由于这些问题具有一定的普遍性，是大多数家长在教育孩子的过程中经常会遇到的，因此本书特将这些问题梳理出来，与广大家长共同分享。

孩子喜欢插嘴怎么办

问 我的孩子读五年级了,老师反映他上课喜欢插嘴,有时候也不听讲。作为家长,我应该怎么做?

 黄辛隐

回答这个问题有两个角度。第一,孩子的这种行为并不是在五年级突然产生的。他其实是在跟老师做一些对抗。他从小的行为习惯和老师的要求有矛盾的地方,所以一两句话是不能够让他改变习惯的。现在他11岁左右,而插嘴的原因也许在三五岁时就产生了。因此,我有几个建议:

第一,教育的坚持性不要改变。性格的养成尽管在0到3岁或者3到6岁会打下基础,但是人的性格还是可以改变的,所以你要有信心,不要因为跟孩子说一两次但他没有改,自己就先退缩了。其实孩子的心思特别缜密。你在跟他说道理的时候底气不足,他就能敏锐地感觉到。有的事你一定要告诉孩子,不可以就是不可以。

第二，教育的灵活性不要改变。也许你常常只是通过语言来教育孩子，那么你有没有这样的经历，比如你和孩子在电视上看见某个镜头、某个场景时，你会告诉孩子应该怎么做。我们现在经常能看到类似这样的广告，一个司机把车停下来让老人过马路，然后老人向司机点头微笑表示感激。当你和孩子看到这样的广告时，你可以告诉他，其实这就是规矩，他遵守了以后就能够得到对方的微笑。这就是灵活教育。所有的家庭教育几乎都带有艺术性的特质。

第三，跟老师的有效沟通很重要。老师随时可以掌握孩子的情况，比如，孩子今天插嘴的次数比昨天多了还是少了。这个年龄段的孩子，其自我意识已经开始觉醒了，自尊心很强，所以你可以和老师沟通，了解孩子的变化，等孩子回家后，可以先跟孩子说"老师告诉我，你今天上课发言很积极、很踊跃"，再说他的问题。这样就会让孩子感受到老师对他的关注，以及老师对他这个问题的评价。从孩子的角度来说，在逐渐从学生向社会人转变的这样一个关键时期，获得来自他人的一些积极的评价和反馈会让他很高兴。

孩子除了上课插嘴外，如果在其他方面的自控能力都不是那么强的话，你可能还要看一下他整体的情况。如果孩子在家里都能遵守规则的话，你可以考虑归因为他对学校的老师的课程以及老师对待他的方式有意见。另外还有一点，在饮食平衡方面，如果这个孩子从小挑食，缺乏一些微量元素，也会产生一些行为方面的问题。

聪明的孩子怎样适应课堂

问 我的孩子思维比较活跃,喜欢表现。老师还没有说答案,他就把所有答案都说出来了,这给老师上课管理带来了很大的麻烦。孩子有时候会说:"妈妈,我的学习兴趣都快没有了,因为老师上课叫人回答的时候,叫的都是不会的同学,从来都不叫我,也不让我说。我都没有表达的机会。"我想问一下专家,孩子的这个问题我应该怎么去处理?

 李婧娟

其实教这些反应很快的孩子对老师是一种挑战。老师也很苦恼,因为班级授课制要面向大多数学生,并不是面向全体学生。成绩排在前面的那一拨和后面的那一拨,老师有时候很难都顾及。所以其实这个问题是任何一个学校、班级都会存在的。这是班级授课制的一种弊端。那么遇到这种情况,家长要理智。我觉得家长可以跟孩子进行一些交流,但不是简单地让孩子一定要按照老师的要求来做。一些聪明的孩子有时候会觉得:"这些知识我都掌握了,不听老师讲我认为也可以。"家长要给孩子一点空间,但是要跟他商量:这一堂课上老师讲的内容他都掌握了,题目他也都会做了,那么他应该做什么,或者他该在整堂课中呈现一个什么样的状态。当然,家长也需要跟老师沟通，请老师给予应有的理解和宽容。

我觉得家长不用太担心，更没有必要把孩子转到私立学校去。虽然班级孩子的规模小一点，通常这个问题的影响也会小一点，但是也不一定。家长不要让孩子觉得"一旦遇到问题，我就用逃避的方法来面对"。转学并不是一个很好的解决方法。而且孩子的成长过程也是有阶段性的。随着年龄的增长，比如到了初中，也许情况就会改变。

因此，你不妨试试看，没有必要太焦虑，因为你的孩子太聪明了，他的接受能力太强了。你应该感到高兴！

如何应对孩子的拖延症

问 我的孩子现在读小学二年级,做任何事情都喜欢拖拖拉拉,作业都要拖到晚上11点左右才能完成。我想咨询一下,如何应对孩子的拖延症呢?

 李红燕

其实拖延症我们每个人多多少少都会有。家长看到孩子不会管理时间,作业做到那么晚,都会比较着急。我首先要说对于孩子拖延这件事,不能用的方法是什么。家长习惯这样说:"怎么还不做作业,跟你说多少遍了。你看看那谁,他怎么不像你这样……"家长越这么说越没有用。我女儿在芬兰长大。那边作业不太多,但是有时候我会关照她该收拾房间了。她在青春期的时候也有逆反心理。我说:"你答应过我要收拾房间的,现在都几点了,你还没有动。"她就会把眼皮一抬,说:"妈妈,你知道吗?我刚才都想动了,你这么一说,我就半小时以后再收拾吧。"然后我就没有办法了。我换到她的角度一想,如果我要做某件事前被我先生背后监督着的话,那么我也不愿意做。所以这种方法一定是没有用的。

那么,什么是有用的方法呢?我觉得你可以坐下来跟他谈。你说:"妈妈这些年一直试着催促你,让你去管理好自己,但我觉得我的方法不好使,因为我每次催促你,你总是不动。这让我很生气,也让咱俩的关系变坏了。但是你知道吗,我是妈妈,我还非得要管,因为我着急。所以请你帮帮我。"你要请教他,然后让他告诉你用什么样的方法。比如你说:"我希望你每天晚上十点之前或九点之前做完作业。我觉得这很重要。我跟老师、爸爸聊过了,我们都觉得在你这个年龄学习重要,身体也重要,所以我们希望你能够好好安排。但是我的方法好像不好。你来告诉我,如果是你你打算怎么做?"如果他说了,你就要听他的,再肯定他。如果他说的方法存在挑战,比如他说他一回家就做作业,而你觉得他不可能做到,你就可以说:"好像这不容易做到。你放学一回家就做作业,我觉得好难。你要是做不到,我想提醒你的时候该怎么做?"他可能会说让你说某一句话,那你就说:"我试试看。"通常就提醒来说,肢体语言、动作表情或者一张小纸条,比你张口说话更有效。有一次我们的一个工作坊里来了一个妈妈,她带着孩子一起来咨询。她老想提醒孩子拉琴,但孩子很排斥。这种"直升机家长"整天盯着孩子哪对哪错很让人烦。如果你是这样的家长,孩子长大后就会离你很远。如果他按你的要求做好了,他会觉得是爸爸妈妈帮我做好的。但是如果你让他出主意,他就会获得更大的成就感。如果他说不知道,你就要给他建议,而且这个建议至少要有两个以上供他选。如果他做到了的话,你要和他击掌,告诉他:"这样真好。你真有办法。你的方法就是好使。"如果有一天他选的办法不好使了,那么你也不能生气,不能说:"你看,这是你出的主意,你还说话不算话,我能不能相信你？"你可以说："方法好像不好使了，过时了，是不是有有效期啊。咱们再换一招呗。你再告诉我什么方法好使？"我觉得你一定要跟孩子互动。一旦你提醒了他，他也给你回应了，你就要表扬他，用这种方法把功劳给他。有的国家把儿童技能教养法叫作"我能行"。这种方法就是要让孩子觉得"我是可以的，我是做得到的"。对很小的孩子，家长也可以用这种方法，但是，你不可能让他告诉你怎么做，那么你可以正向地跟他交流，比如说："宝贝，妈妈希望你三分钟之内把玩具收起来。你要收起玩具的话，我就给你一个惊喜。"小孩会说："什么惊喜？"你不要告诉他，因为如果你告诉他，他就会想："一个够不够？我做还是不做？"你应该说："我不能告诉你。"这个时候惊喜就赢了。他就会好奇，就会按你的要求做这件事。做完之后他会跟你要惊喜。惊喜是什么？一定不是花钱买的。你可以跟他做个游戏，或者跟他抱一抱，采用能强化关系的方式。我们养育孩子一定不要离开关系。只要有了很好的关系，即使你打他一巴掌，他最后也能够原谅你。但是如果没有好的关系，你和孩子就很难相处。

怎样让孩子爱上纸质阅读

问 我平时都会教育孩子看纸质书,但现在大家都盯着电子产品。如果孩子一直看到这种社会环境,他的一些想法会不会动摇?

 李婧娟

关于阅读,我感觉纸质阅读和电子阅读确实不一样。从培养一个孩子的创造性和想象力的角度来讲,毫无疑问,带着墨香的纸质阅读更长远、更深刻。所以我觉得,如果一个家庭能够给孩子营造一个纸质阅读氛围,尤其是喜欢阅读的父母能产生示范效应,对孩子阅读习惯的养成就会有很大的帮助。朱永新老师说过,一个人的阅读史就是一个人的精神发育史。但是我觉得电子阅读势不可当,因为这是潮流,也是客观存在。然而,我确实认为在孩子年龄小的时候家长应当尽量避免让孩子接触电子产品,因为孩子通过电子产品阅读一些有声的、形象的书籍将会使自己的想象力被极大地遏制。所以我们一般也有这样一种观点,不要让两岁以内的孩子接触电子产品。我的小孙女现在17个月。我们在家是不开电视的。我觉得还是有必要做一点屏蔽工作。这个意识家长应该要有。

孩子处处都要争第一,该怎么引导

问 我的孩子总想争第一,总是说他一定要超过谁。这个时候,我该怎么回应呢?我是应该表扬他有这份好胜心,还是应该批评他说"你不能老是这么嫉妒别人"?

 李红燕

你跟孩子说"你不要这样""你不能这么做"等通常对他没有什么帮助,反而会让他觉得你不信任他,觉得你没有给他赋能。所以我觉得你可以这样问他:"为什么超过他对你这么重要?"你就这样跟他聊,看他会说什么。你可以说:"其实生活当中有很多人都很优秀,学校里也一定有比他还棒的。你超过他之后还会遇到更棒的,你打算怎么办?"如果他说"我要超过他们",那么你可以说:"妈妈特别欣赏你这种愿意成长的动力,但是你要知道你的一生不是只为了去超过某一个人!超越能给你带来什么呀?你可以想想还有什么事能让你有这样的感受。"

人生有很多维度。除了学习之外,还有很多事情对孩子来说也很重要。通常面对聪明的孩子,我们会说要让孩子学习一种技能,那就是敢于失败的技能。人生是在失败当中成长的。敢于失败就是要有勇气失败。这是一个技能。

孩子也需要自我思考，自我成长。你的孩子很聪明。如果你像刚才我说的那样问他，也许他不会立刻回答，但他会思考。好问题引发孩子思考。

如何陪孩子做作业

问 我有两个小孩,一个读二年级,另一个读四年级。我觉得陪他们做作业非常困难,应该怎么处理?

 韩郁香

家庭其实是具有力量的。在学校的实践工作中,当我深入地了解家庭的时候,我发现学校里的工作都很重要,但是给予家庭力量和帮助是重中之重。如果给予孩子的是消极力量的话,孩子的伤痛就会变得越来越大;如果给予孩子的是积极力量的话,对孩子的疗愈也是最有帮助的。

在做作业问题上很多父母和孩子的互动不健康、不科学。家长自以为是,认为:"我是家长,要你做作业是天经地义的。"所以当孩子不听从这样的指令,或者不能够完成的时候,家长的愤怒就升级了,而孩子的恐惧也升级了。家庭和谐的氛围完全被破坏后,整个家庭就处在一个极度紧张的气氛之中,孩子在家庭生活当中的感觉就是无助的。之所以出现这样的局面,就是因为家长通过要求来让孩子做作业,而不是让孩子发自内心地觉得"我要做作业"。家长在解决孩子不肯起床、不肯打扫房间等这一类问题时遇到挑战,其实就是因为家长不知道孩子的需要。做作业问题是学校、家庭、老师反映得最强烈的问题。家长要从孩子的需要着手,让孩子把做作业和其他需要他参与的事真正当作他自己的事情来做。家长要把向孩子发消极的指令变成和孩子共同协商。

因此，你不妨这样做，比如孩子回家了，你可以问问孩子今天的作业需要做多长时间，他打算吃饭之后做作业还是吃饭之前做作业。你不一定要求孩子一回家就做作业，可以让他先休息一下。我们作为成年人，有时候一天工作下来回到家都很累，而孩子在学校学习一天其实也很累。你可以征询他的意见，用理解和尊重的态度去对待孩子。如果孩子说"我想先吃饭，休息一下，因为我饿了。吃完饭我再做作业"，那么你完全可以尊重他的选择。你这样做才是真正地站在和孩子对等的位置上。家长常常说："我是为他好。我是因为爱他、尊重他，我才要他做作业的。"但是其实家长真的没有尊重孩子。大人和孩子是不一样的，理解问题的方式也是不一样的。另外，在陪写作业的过程中，家长千万不能拿起你心爱的手机在那里刷屏。你应该看书、看报或者做自己的工作，这样才会让陪伴有意义、有效果。

能把孩子和网络完全隔开吗

问 专家说让孩子单独跟网络在一起的时候很危险,那么这能绝对避免吗?比如孩子手上有手机的时候,我们不可能24小时跟他在一起。怎么样去处理这个矛盾?

杨咏梅

我们没办法把孩子和网络隔绝开。网络是他们的生活工具之一,是他们的"呼吸"。这是一个大背景。我想说的是,当孩子第一次要电子产品的时候,请你不要随意地给他,而是要为他设限,告诉他该怎么用。玩是孩子的权利,但是无限制地玩意味着家长的失职。这就涉及一个平衡的问题。现在很多家长容易犯这样的错误,把手机、iPad等作为礼物送给孩子。你想收回这些电子产品就一定要有技巧,要跟他讨论,让他心甘情愿地学习自律。家长不需要把孩子和网络完全隔绝开,但是如果让网络替代你的责任,那么你就会离孩子越来越远,他就会跟着网络上的价值观走,网瘾、厌学、情绪障碍就都是可以预料的了。

牟映雪

就这个话题,我想说两点。

第一,孩子从小使用电子产品的时候,家长要让他知道学习和游戏是结合在一起的。

第二，家长要有意识地开放你手机的使用权，让孩子没有那么多神秘感。在使用时间上，从孩子上小学开始家长就要和孩子约定学习和游戏的时间，比如制订每日计划。这个计划是家长和孩子一起商量制订的。孩子需要用手机来完成作业的时候，家长可以在旁边教他一些必要的技能、技巧，培养他捕捉信息的能力和处理信息的能力。

吴惠强

我想说几点。第一，我们这个时代离不开这些电子产品。家里没有手机，没有电脑，意味着家庭跟时代格格不入，这样对孩子的成长也不利。手机的功能有很多。在使用网络的过程中，家长最担心的是孩子网络成瘾。家长要跟孩子做好沟通。比如看电视时，看到新闻报道某个学生网络成瘾的故事，家长可以借此跟孩子讨论。第二，玩游戏的时间需要控制。关于游戏，我儿子上小学的时候，我们跟他讨论过这件事情，也再三向他强调，不要玩大型游戏，玩游戏的时候要控制时间。我曾经在教育科学研究所工作过。专门做网络成瘾研究的人员得出了一个结论：适宜的游戏时间在一个小时左右。因此家长要引导孩子控制好游戏时间。孩子并非绝对不能玩游戏，有一些益智类的游戏甚至对学习有帮助，所以家长要客观看待孩子玩游戏，并进行及时监管。第三，家长要以身作则。自己不要整天沉迷于网络或游戏。

如果孩子已经有网络成瘾的状况，家长就要找专门的机构对孩子进行心理辅导，并且所选择的机构必须要有相关资质。有些机构采用封闭式的棍棒教育，会给孩子造成更大的身心伤害。

 陈 敏

我想到了两个字——疏和堵。如果家长一味地去堵孩子玩游戏，那么孩子可能会因为好奇而加深兴趣。如果家长进行合理的引导，和孩子共同参与游戏，让孩子能够体会到游戏的益处，并控制好时间，那么孩子也能慢慢具备自我控制能力。我觉得有些游戏是相当好的。有位数学老师还向我推荐了一个数学游戏，说多做这类游戏可以防止老年痴呆。有些游戏也有利于智力开发。家长可以在孩子玩游戏之前跟孩子约法三章，比如孩子今天因为什么原因表现得比较出色，或者得到了老师的表扬，回家后家长就可以给他十分钟的时间玩手机，但是到了时间必须把手机收回。如果规矩制定得好，就会减少游戏对孩子的负面影响。

面对处于不同年龄阶段的孩子，家长如何施教

问 我的问题有以下两个：第一，每个孩子的家庭背景不同，所处的年龄段和性格也不同，家长针对不同阶段的孩子应该怎样施教呢？第二，我想成为一个反思型的家长，或者说是学习型的家长，专家能否推荐一些可操作性比较强的方法，让我能跟上孩子的变化。谢谢。

 吴惠强

每个家庭都不一样，每个孩子也都不一样。教育孩子没有一个固定的标准。我个人认为在家庭教育的过程中，家长要让孩子相信他自己能学好，要让孩子信心满满，要让孩子对学习感兴趣。我觉得这些是最核心的东西。第一，孩子在成长的过程中，在不同的年龄阶段会表现出不同的生理特点和心理特点。家长要了解孩子有什么特点。第二，家长要知道孩子是怎么学习的，什么样的学习方式是有效的，什么样的学习才是可持续的。没有获得感和成就感的学习肯定是不可持续的学习。最重要的是孩子想不想学，有没有兴趣学。所以要解决孩子学习的问题，第一步就是要让孩子对学习有兴趣。家长要努力成为智慧型父母，从而帮助孩子更好地成长。

兴趣班报得越多越好吗

问 我的孩子就要上小学了。现在孩子读的兴趣班很多,等到下学期还要读幼小衔接班。我想问一下,孩子有没有必要读那么多兴趣班?

 赵石屏

小学教育的重点是学习习惯和学习兴趣。家长一定要培养孩子良好的学习习惯,培养孩子的学习兴趣,让孩子喜欢上学。孩子在补习班学了,然后又到班级里来学,这种重复学习的方法是最笨的方法,而且还有副作用。

 徐瑛

这位家长提的问题,也是大部分家长面临的一个现实问题。第一,无论上兴趣班,还是上幼小衔接班,事实上都是提前把小学要学的部分内容学一遍。部分家长只看到孩子进了小学后考试得了一百分,但是并未意识到这是不可持续的。持续性表现在孩子真的对学习感兴趣。第二,外面的补习班水平参差不齐。真正优秀的补习班最关注的还是孩子的兴趣和习惯培养,但这样的补习班少之又少。大多数补习班的核心目标是挣钱。所以家长一定要冷静。虽然孩子上了补习班,但他学得怎么样,学的质量如何,在补习班里有没有养成坏习惯,你关注了吗?第三,家长给孩子报课后培训班的前提必须是孩子自己感兴趣。如果孩子感兴趣，那么他能不能借此培养学习的能力、学习的专注度以及持久度才是核心问题。家长让孩子上培训班不能只是为了让他学会一个技能，比如会弹钢琴、会吹笛子，以便在家人团聚的时候让孩子表演，否则家长就是对孩子不负责任。培训班只是一个媒介，并不是培养孩子的必经途径。

如何做好幼小衔接

问 我想问一下几位专家,哪里举办的幼小衔接班比较好?如果幼小衔接班不是正规的教育机构,孩子就不需要上吗?

 李婧娟

我觉得幼小衔接其实就是一种理念。父母要关注孩子在成长过程中比较大的角色转换、生活方式的转换,更多地去关注孩子在成长过程中表现出的规律和特点。

作为父母,在帮助孩子成长的过程中,要科学、正确、恰当、得体地帮助孩子顺利过渡,而不是按照自己的意愿让孩子进行"必要"的学习,否则,会不利于孩子的成长。

 孟 瑾

孩子到了小学有诸多不适应的地方,因此逐渐会出现一些问题。那么我想,父母应该从以下几个方面去考虑问题。

首先,孩子为什么会出现那些问题。我们分析一下。很多问题都不是孩子本身学习上的问题,而是习惯上的问题。父母要帮孩子找到症结所在,在共同努力之下,帮助孩子解决这些问题。这是最有意义的一件事情,因为孩子通过自身的努力,从低起点到跟上集体的步伐,是一种自我能力的体现,也是建立信心的过程。这是非常重要的。

其次,孩子的问题就是家庭的问题。家长要提高重视程度,不能简单地认为"这些都是小问题。孩子长大了自然而然就会好起来的",否则就是对孩子不负责任。

如何处理祖辈教育与父母教育间的冲突

问 祖辈参与太多导致我不敢生第二个孩子。我女儿很乖巧,情商也很高。后来我母亲过来照顾我女儿。但一段时间以后,我发现女儿的专注力明显下降。我观察了几天发现,女儿进书房写字后,我母亲过两分钟就去看一下,说:"宝宝你饿不饿,你要不要出来吃点东西?"过了一会儿她又去问,"你要不要出来看电视?"我觉得孩子的专注力下降就是老人的行为导致的。我想问一下专家,我应该如何处理祖辈教育与父母教育间的冲突?

 乐善耀

我想对年轻的爸爸妈妈说几句话。爸爸妈妈不要放弃做父母的责任。做父母的也需要自我成长。教育孩子的过程,也是自我成长的过程。如果你要成为一个称职的、合格的父母的话,就不能放弃自己的责任。你要在实践当中去体验,去感悟,去总结,去自我提高,去自我改变。所以,家长的自我改变和自我成长离不开对孩子的教育。

我也想对祖辈说几句话。祖辈在家庭中的角色应该是多元的,不仅仅是孩子生活的保姆,更是孩子的教师。祖辈应用自己的行为无声地教育孩子。要成为孩子的好榜样,就要从一举一动、一言一行做起。我想提醒一下祖辈,当孩子进了小学以后,祖辈就要把教育的权力交给孩子的父母,因为教育的第一责任人是孩子的父母。

 高万祥

祖辈要学习做"三开"老人。第一,开心。老人要有阳光心态。自己不仅要开心,也要让儿孙开心。第二,开明。祖辈要做到不缺位也不越位。第三,开窍。时代在飞速地发展,所以祖辈一定要与时俱进。

 沈 洁

第一,父母想让孩子成为什么样的人,那么自己首先就要成为什么样的人,也就是要以身作则。最好的家庭教育教材就是父母自己。父母的一言一行孩子都看在眼里。第二,家庭成员应各司其职,达到最好的平衡。父母要做智慧型父母,要不断学习,不断成长。孩子成长的过程其实也是父母成长的过程。

 陶六一

我是隔代教育的产物。我从小跟父母亲在一起生活的时间很短,所以亲子间感情不深。后来我自己有了孩子以后,我就坚持自己带。这是作为父母的责任。对孩子行为习惯的培养,我始终是抓在自己的手里的。我和孩子共同成长,相互学习,没有障碍、没有隔阂地交流。我们是相亲相爱的一家人,也是亲密的朋友。有时候我们会聊到深更半夜都不想睡觉。这就是家庭的快乐。

然而，我现在觉得自己处于一个很尴尬的年龄。我的很多同学已经当爷爷奶奶或外公外婆了。我发现他们做祖辈的时候，他们的爱变得任性了。我意识到，我可以做一个很理智的妈妈，但是做奶奶的时候可能也会变成一个不理智的奶奶。随着年龄的变化，我们对生活的感受、对事情的处理方式也会有所不同，所以我觉得我们必须要克制自己，在隔代教育中，要有所为，有所不为，因为这才是对后辈的最好的关爱。有个词叫爱不释手，但是在家庭教育中，我们要学会放手。

孩子为什么在父母面前不体现他的两面性

问 我的儿子今年读三年级。他在我面前很听话,但是经常有老师、同学和其他家长向我反映他的问题。孩子在父母的可视范围内是一种表现,但跳出这个范围以后却是另外一种表现。我想问一下,孩子为什么在父母面前不体现他的两面性?

侯公林

孩子在家长面前和在学校的表现不一样,很有可能是因为在家里你们对他的管束比较严格,他怕你们,到学校以后他就把压力释放出来了。如果在家里你们压制得太厉害的话,他就会到别的地方去释放压力。在家里经常遭受家庭暴力的孩子,他的反社会倾向会比较强烈。

还有一种可能的原因是家长没有告诉孩子应该如何遵守学校的规章制度,平时也没有关注这一方面。学校教育一定要跟家庭教育结合起来。

曾经有位老师讲过一个很极端的例子。一位家长对孩子无条件地宠爱。有一天放学了,大家都走了,只有这个孩子在操场上玩。班主任就把他的书包放在门口,把教室门锁了,然后跟他说:"你等一下到教室门口来拿书包。"之后孩子走到教室门口,把书包里面的书往地上一倒,就打电话告诉妈妈,老师把他的书包扔出来了。好在当时教室门口有监控。这里有几个难题：家长该怎么对孩子进行教育，怎么让孩子适应学校的生活，适应和老师、同学的沟通。孩子出现吵架、打架的情况时，家长要告诉孩子不能用暴力来解决问题，然后要跟学校、老师紧密联合起来，分析原因，对孩子进行教育。一个好的孩子一定有阳光的心理和健康的身体。如果要看孩子好还是不好，首先要看他开不开心，然后再看他的身体健不健康。如果一个孩子只是成绩好，心理不是阳光的、健康的，实际上就说明家长的教育是不成功的。

当孩子和同学发生肢体冲突时，家长应该如何应对

问 邻居的孩子是女儿的同学，和我们一家的关系很好。有一次我带他们去超市，排队准备结账时，女儿被那个孩子打了脸。那个孩子是练跆拳道的，出手特别有力。我非常愤怒，让女儿打回去，并且严肃地告诉那个孩子："你必须跟我保证以后不再发生这样的事，不然我会告诉老师。"过了一个月，女儿放学回家跟我说，那个孩子又来挑衅她了，但是女儿警告了他一次，所以对方没有再做出攻击性行为。我想请教一下，作为家长，我还应该做些什么？

刘翠平

如果我是你，我是不会让我女儿打回去的。遇到这种事情时，我肯定要跟这个孩子谈一谈，然后向对方的父母了解一些情况，并且尽量说得委婉一点。我觉得这个孩子在家里时，父母可能就是这么对待他的，所以他才会随意动手。我认为你应该跟他的父母谈一谈，但是要避开他。这个孩子可能更想找一个人倾诉。如果你有能力、有时间的话，尽量为他做一些疏导。毕竟他是邻居，也是你女儿的好朋友。你可以让女儿多跟他做一些交流，因为孩子之间可能更容易敞开心扉。

韩郁香

你的孩子跟邻居家的孩子在超市发生了一场冲突。当时你之所以让女儿那样做,是因为你处于愤怒的状态中,是情绪告诉你要这样做。可是你冷静下来以后就会发现:自己做了一个很不好的示范。在处理冲突的时候用武力解决是不正确的。孩子都是通过观察来学习的,所以你可能需要做一些补救。你首先要做的是找到对方动手的原因。一个冲突总是有原因的。你应该在找到原因以后再去解决这个问题。我觉得孩子的事情一定要交给孩子去解决。你要相信他们有这个能力,要耐心地把这个问题抛给孩子,借助这个契机去培养孩子处理问题的能力。孩子每一天都有可能犯错,而孩子所犯的错误也是教育资源。这些资源利用得当就可以使孩子获得成长的经验。

本书出现的专家、学者名单 >>>

孙云晓 中国青少年研究中心家庭教育首席专家,首都师范大学特聘教授,中国教育学会家庭教育专业委员会常务副理事长。

赵石屏 重庆师范大学教授,《中国教育报》首席家庭教育专家,重庆市教育学会家庭教育专业委员会理事长。

杨咏梅《中国教育报·家庭教育周刊》主编,中国教育学会家庭教育专业委员会常务理事,中国家庭教育传媒联盟秘书长。

乐善耀 原上海教育科学研究院家庭教育研究和指导中心主任。

牟映雪 重庆师范大学教育科学学院副院长、教授、硕士生导师,重庆市家庭教育研究会副会长。

龙　迪 中国科学院心理研究所教授,保护儿童及家庭研究服务中心主任,香港中文大学社工系哲学博士,中国心理学会首批注册督导师,危机干预委员会委员,中国

本书出现的专家、学者名单 >>>

心理卫生协会心理治疗与心理咨询专业委员会委员。

黄辛隐 苏州大学教育学院教授、博士生导师,心理专家。

徐 勇 苏州大学公共卫生学院教授、博士生导师,苏州市网上家长学校特聘专家,中华预防医学会儿童少年卫生学会委员,江苏省儿童少年卫生学会副主任委员。

李红燕 《儿童技能教养法》和《从故事里学儿童技能教养法》译者,芬兰富尔曼儿童技能教养法中国推广(芬兰)活动创始人。

吴惠强 中国陶行知研究会常务理事,中国教育学会家庭教育专业委员会常务理事,浙江师范大学硕士生导师,金华教育学院副书记、副院长、教授。

侯公林 浙江理工大学心理系教授,浙江省家庭教育学会副会长。

李建军 苏州大学副教授,苏州市未成年人健康成长指导中心首席"苏老师"。

本书出现的专家、学者名单 >>>

张　翔　苏州市职业大学副教授，苏州市未成年人健康成长指导中心首席"苏老师"。

李靖娟　苏州市教育局副局长，江苏省特级教师。

高万祥　全国语文特级教师，苏州市首届名校长。

朱文学　苏州市第六中学校长。

孟　瑾　苏州幼儿师范高等专科学校附属幼儿园管理中心主任，江苏省特级教师。

潘　琼　苏州市桃坞中心小学校长，苏州市语文学科带头人，苏州市家庭教育名师工作室主持人。

蔡林春　吴中区木渎南行实验小学校长，苏州市德育学科带头人，苏州市家庭教育名师工作室主持人。

徐　瑛　苏州科技城实验小学校长，苏州市家庭教育名师工作室领衔人。

陶六一　苏州市名校长，苏州市劳动模范，江苏省"三八红旗手"。

本书出现的专家、学者名单 >>>

韩郁香 苏州工业园区娄葑实验小学校长,高级教师,国家二级心理咨询师,苏州家庭教育高级指导师。

李 娟 苏州工业园区新洲幼儿园副园长,苏州市家庭教育高级指导师,苏州市网上家长学校工业园区分校"林老师",苏州工业园区幼教学科"学科带头人"。

卜雪梅 苏州教育电视台主持人,苏州市家庭教育高级指导师。

解 琪 苏州新东方学校副校长,中国青少年研究会家庭教育高级指导师。

邢 华 苏州市教育局德育处副处长。

陈 敏 苏州市平江实验学校副校长,全国优秀教师,江苏省五一劳动奖章获得者,苏州市优秀班主任。

翁亦星 苏州市平江实验学校德育室主任,中小学一级教师,苏州市德育学科带头人。

朱 嫣 苏州市优秀班主任,苏州市优秀中队辅导员,苏州市学科带头人,苏州市优秀教育工作者。

本书出现的专家、学者名单 >>>

俞　玥　苏州市平江实验学校教师,苏州市最美教师,苏州市姑苏区学科带头人。

张　剑　苏州市平江实验学校教师、德育助理,全国优秀少先队辅导员,苏州市中小学家庭教育高级指导师,苏州市网上家长学校姑苏区分校"林老师"。

沈　洁　中学高级教师,苏州高新区实验初级中学副校长,高新区德育学科带头人,苏州市优秀班主任,苏州市家庭教育名师工作室主持人。

苏州家话